ひとりで学べる

中国語会話

川原祥史 著

【ディスクのお取り扱いについて】

ディスクをいつまでも正常な音でお聴きいただくために、次のことにご注意ください

● ディスクの信号面（文字や絵柄のない裏面）には細かい信号が入っているため、静電気でほこりが付着しただけで音が出なくなる場合があります。ディスクをはじめて取り出すときには、ビニールについた接着剤が付着しないようご注意ください。
　万一、指紋、汚れ、傷などをつけた場合は、やわらかい布を水で湿らせ、内側から外側に向って放射状に軽く拭き取ってから、お使いください。
● ディスクには表裏にかかわらず、ペンなどで記入したり、シールを添付したりしないでください。
● ひび割れや変形したディスクは使わないでください。
　プレイヤーの故障原因となります。
● 直射日光の当たるところや、高温多湿の場所には保存しないでください。

はじめに

　中国語の初心者といえば、たいてい「学習を始めて数か月程度」とか「テキストを買ってきてサラッと見たくらい」の人でしょう。しかし本書は、初心者よりも「初心者以前」の人を対象にしてつくられています。

　というのは、「やさしい（易しい）」のはもちろんですが、さらに「やさしい（優しい）」をコンセプトにしているからです。これまでの入門テキストとは少々趣が異なっていることを読んで感じていただけるはずです。

　私は、この本を著すにあたって次の項目に重点を置きました。
・理論的な文法などは簡潔にまとめる。
・中国旅行で話題になる身近な単語や表現を中心に盛り込む。
・発音の速度を「ゆっくり」と「ノーマル」の２通りで表現する。
・基本フレーズをもとに、単語を入れ替えて表現力のアップを図る。
・文の構造をわかりやすくするために逐語訳をつける。
・基本項目のおさらいとして６フレーズごとの復習問題で基本項目を確認する。

　初歩の語学書で最も大切なのは、基礎になる最小限の文法と正確な発音、さらにそこから広げた適切な語彙だと思うのです。
「まず、とにかく使ってみよう」を念頭にまとめました。初めて手にするこの本で、どなたでも自然に中国語の世界に入っていけるよう願っています。みなさんの楽しい中国旅行と、かけがえのない国際交流が待っていますように…。

川原祥史

本書の使い方

本書は、初心者向けの会話入門書です。そのため、初心者がつまずきやすい発音を正しく習得できるよう CD は「ゆっくりスピード」と「ノーマルスピード」の2通りを用意しました。さらに発音の補足にふりがなをふりました。慣れてきたら赤チェックシートで隠し、繰り返し練習しましょう。

パート1　基本の文法と発音
簡体字の成り立ち、基本文型、発音などについて解説しています。

パート2　基本のあいさつと便利なフレーズ
基本となるあいさつを紹介しています。

パート3　超基本入れ替えフレーズ／パート4　基本入れ替えフレーズ

◆メインページ

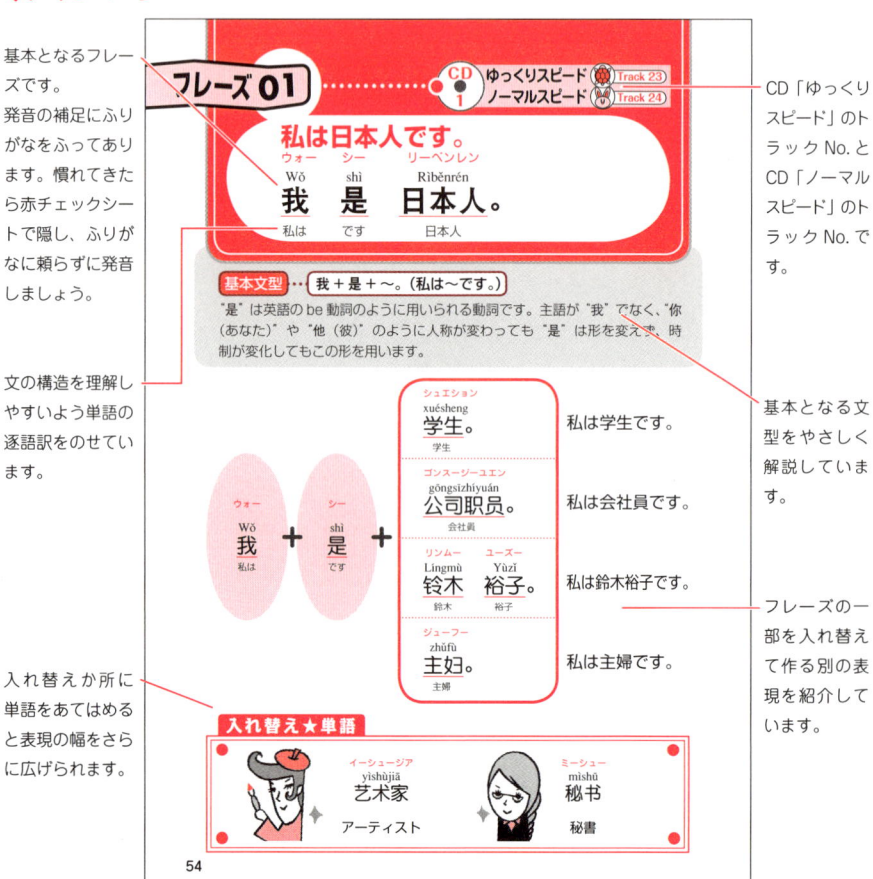

基本となるフレーズです。発音の補足にふりがなをふってあります。慣れてきたら赤チェックシートで隠し、ふりがなに頼らずに発音しましょう。

文の構造を理解しやすいよう単語の逐語訳をのせています。

入れ替えか所に単語をあてはめると表現の幅をさらに広げられます。

CD「ゆっくりスピード」のトラック No. と CD「ノーマルスピード」のトラック No. です。

基本となる文型をやさしく解説しています。

フレーズの一部を入れ替えて作る別の表現を紹介しています。

◆なりきりミニ会話

習ったフレーズをもとに"あなた"になりきって会話してみましょう。

発音の補足にふりがなをふってあります。慣れてきたら赤チェックシートで隠し、ふりがなに頼らずに発音しましょう。

CD「ゆっくりスピード」のトラックNo.とCD「ノーマルスピード」のトラックNo.です。

◆復習問題

CDを聴いて中国語を書き取る問題です。

問題の解答と解説です。

パート5　いろいろ会話集

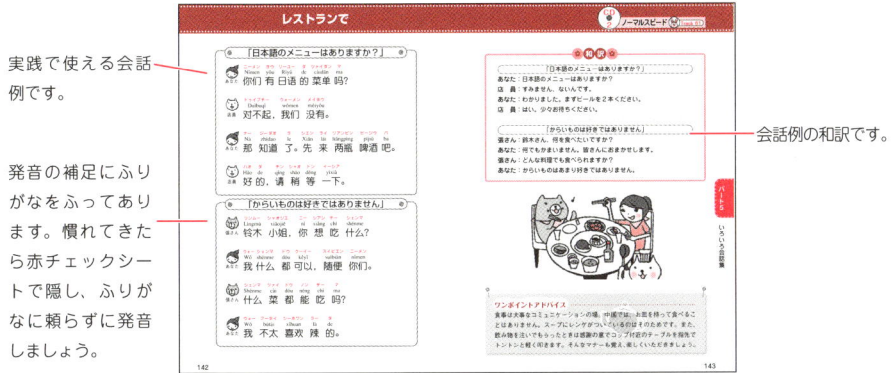

実践で使える会話例です。

発音の補足にふりがなをふってあります。慣れてきたら赤チェックシートで隠し、ふりがなに頼らずに発音しましょう。

会話例の和訳です。

ひとりで学べる中国語会話
も く じ

はじめに
本書の使い方 ………………………………………… 4

パート1 基本の文法と発音　CD1 Track1〜15

中国語のここがおもしろい
・中国語の特徴 ………………………………… 12
・意味が大違いの漢字 ………………………… 16
・反対にすると同じ意味になる漢字 ………… 17

簡体字に慣れよう
・よく使う簡体字 ……………………………… 18

基本文型を見てみよう
・動詞述語文 …………………………………… 20
・形容詞述語文 ………………………………… 22
・名詞述語文 …………………………………… 24
・反復疑問文 …………………………………… 25

発音トライ！　四声と軽声
・声調と四声 …………………………………… 26
・単母音の発音［7種類］ ……………………… 28
・子音［21種類］ ……………………………… 29
・複合母音［13種類］ ………………………… 30
・鼻母音［16種類］ …………………………… 31
・四声の組み合わせの発音 …………………… 32
・声調の変化 …………………………………… 34
・数字の読み方 ………………………………… 35

- ・おもな量詞 ・・・・・・・・・・・・・・・・・・・・・・・・・・・ 36
- ・時刻の表現 ・・・・・・・・・・・・・・・・・・・・・・・・・・・ 38
- ・日付の表現 ・・・・・・・・・・・・・・・・・・・・・・・・・・・ 39
- ・曜日の表現 ・・・・・・・・・・・・・・・・・・・・・・・・・・・ 40
- ・期間の表現 ・・・・・・・・・・・・・・・・・・・・・・・・・・・ 41
- ・時を表すその他の言葉 ・・・・・・・・・・・・・・・・・・ 41
- ・お金の表現 ・・・・・・・・・・・・・・・・・・・・・・・・・・・ 42
- コラム　金銭感覚・・・・・・・・・・・・・・・・・・・・・・・・・ 44

パート2　基本のあいさつと便利なフレーズ　CD1 Track16〜22

- こんにちは／さようなら ・・・・・・・・・・・・・・・・・・・ 46
- お元気ですか？／元気です ・・・・・・・・・・・・・・・・ 47
- はい／いいえ ・・・・・・・・・・・・・・・・・・・・・・・・・・・ 48
- すみません（呼びかけ）／ごめんなさい ・・・・・・・ 49
- おいしい／ありがとう ・・・・・・・・・・・・・・・・・・・・ 50
- 問題ありません／わかりました ・・・・・・・・・・・・ 51
- ある、ない／多い、少ない ・・・・・・・・・・・・・・・・ 52

パート3　超基本入れ替えフレーズ　CD1 Track23〜67

- フレーズ01　私は日本人です。 ・・・・・・・・・・・・・・ 54
- フレーズ02　私は韓国人ではありません。 ・・・・・・ 55
- フレーズ03　あなたは陳さんですか？ ・・・・・・・・・ 56
- フレーズ04　これは何ですか？ ・・・・・・・・・・・・・・ 57

フレーズ 05	これは食べ物ですか？ …………	58
フレーズ 06	これはパスポートです。 …………	59
復習問題①	………………………………………	60
なりきりミニ会話①	………………………	64
フレーズ 07	これはあなたのものですか？ ………	66
フレーズ 08	これは私がほしいものではありません。‥	67
フレーズ 09	これはいくらですか？ …………	68
フレーズ 10	コーヒーがほしいです。 …………	69
フレーズ 11	ちょっと待ってください。 ………	70
フレーズ 12	（私に）お勘定をしてください。………	71
復習問題②	………………………………………	72
なりきりミニ会話②	………………………	76
フレーズ 13	出かけました。 …………………	78
フレーズ 14	市場へ行きます。 …………………	79
フレーズ 15	私は京劇を見たいです。 …………	80
フレーズ 16	私は家に帰りたくないです。 ………	81
フレーズ 17	私は音楽を聴いています。 …………	82
フレーズ 18	コーヒーを飲みますか、それとも紅茶を飲みますか？ ……	83
復習問題③	………………………………………	84
なりきりミニ会話③	………………………	88
コラム　中国の外来語	……………………	90

パート4 基本入れ替えフレーズ　CD2 Track1～60

フレーズ 19	からいですか？	92
フレーズ 20	たいへんすばらしいです。	93
フレーズ 21	私はうれしいです。	94
フレーズ 22	あなたは中国料理が好きですか？	95
フレーズ 23	私はジャスミン茶が好きです。	96
フレーズ 24	空席はありますか？	97
復習問題④		98
なりきりミニ会話④		102
フレーズ 25	トイレはどこですか？	104
フレーズ 26	右側にあります。	105
フレーズ 27	いつ出発しますか？	106
フレーズ 28	10時に出発します。	107
フレーズ 29	兄弟はいません。	108
フレーズ 30	これはどうですか？	109
復習問題⑤		110
なりきりミニ会話⑤		114
フレーズ 31	どちらがおいしいですか？	116
フレーズ 32	どのように読みますか？	117
フレーズ 33	なぜだめなのですか？	118
フレーズ 34	もうすぐ着きます。	119
フレーズ 35	写真を撮ってもいいですか？	120
フレーズ 36	写真を撮ってくれませんか？	121

復習問題⑥　‥‥‥‥‥‥‥‥‥‥‥‥‥‥‥‥　122
　　なりきりミニ会話⑥　‥‥‥‥‥‥‥‥‥‥‥‥　126
フレーズ 37　私は英語が話せます。　‥‥‥‥‥‥‥　128
フレーズ 38　私は電車に乗らなければなりません。‥　129
フレーズ 39　出かけましょう。　‥‥‥‥‥‥‥‥‥　130
フレーズ 40　私は四川料理を食べたことがあります。‥　131
フレーズ 41　8時間寝ました。　‥‥‥‥‥‥‥‥‥　132
フレーズ 42　あなたは話すのが上手ですね。　‥‥‥　133
　　復習問題⑦　‥‥‥‥‥‥‥‥‥‥‥‥‥‥‥‥　134
　　なりきりミニ会話⑦　‥‥‥‥‥‥‥‥‥‥‥‥　138
　　コラム　料理を注文する‥‥‥‥‥‥‥‥‥‥‥　140

パート5　いろいろ会話集　CD2 Track61〜69

レストランで　‥‥‥‥‥‥‥‥‥‥‥‥‥‥‥‥　142
ホテルで　‥‥‥‥‥‥‥‥‥‥‥‥‥‥‥‥‥‥　144
ショッピングで　‥‥‥‥‥‥‥‥‥‥‥‥‥‥‥　146
交通機関で　‥‥‥‥‥‥‥‥‥‥‥‥‥‥‥‥‥　148
観光で　‥‥‥‥‥‥‥‥‥‥‥‥‥‥‥‥‥‥‥　150
旅行でのトラブル　‥‥‥‥‥‥‥‥‥‥‥‥‥‥　152
携帯番号・メールアドレスを尋ねる　‥‥‥‥‥‥　154
スポーツ／カラオケ　‥‥‥‥‥‥‥‥‥‥‥‥‥　156
料理を作る　‥‥‥‥‥‥‥‥‥‥‥‥‥‥‥‥‥　158

パート1

基本の文法と発音

中国語と日本語、「漢字」という共通の文字を使っているものの、文法や発音などは大きく異なります。ここでは、簡体字の成り立ちや基本文型、発音のコツなどをみてみましょう。

中国語のここがおもしろい

中国語の特徴

　ここ数年、中国語学習はかなりメジャーなものになってきています。学習教材も豊富に出版され、検定試験の受検者数も増加しています。また、大学で第二外国語として選択する人もかなり増えてきています。
　初めて中国語を勉強するみなさんは、中国語のどんなところに気がつきますか？　おそらく次のような特徴ではないでしょうか。

❶ 中国語＝日本語の漢字がある！

　日本語と同じ表記・同じ意味で使われている単語がとても多くあります。

❷ 意味がイメージできる！

表意文字である漢字によって、その字面(じづら)から意味をイメージしやすいものがあります。

中国語		日本語
シュイグオ 水果	→	果物
リーウー 礼物	→	プレゼント
ミンティエン 明天	→	明日
ラオシー 老师	→	教師

❸ 発音が似ている！

発音が、日本語の音読みに近い単語が数多くあります。

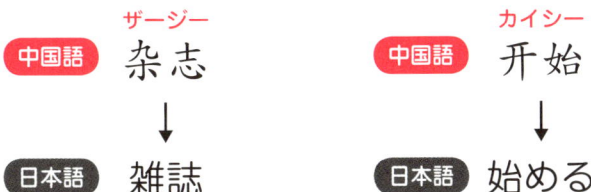

❹文法が英語と似ている！

　とくに初歩の文法は、英語に似ている部分がたくさんあります。基本的な法則は、英語よりむしろ変化が少ないくらいです（詳しくは20ページの基本文型で紹介）。英文と中国語文をいくつか比べてみましょう。

―― 私は日本人です。

―― 私は中国語を学びます。

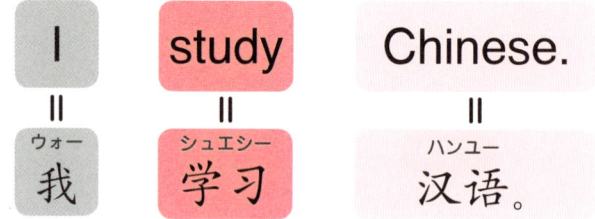

❺声調によって意味が異なる！

　一つひとつの文字に、音の上がり下がりがあります。これを「声調」といいます。「四声」とも呼ばれるように、声調には4種類の音の上がり下がりがあります（詳しくは26ページの発音トライ！　四声と軽声で紹介）。同じ音でも、声調が変われば意味も変わります。たとえば"mai"という発音は、右のように変化します。

mǎi = 买（買う）

mài = 卖（売る）

❻ 一つの漢字に一つの音・一つの意味！

中国語の文字は、原則として「1文字に1音」で、それぞれが「独立した意味」をもっています（一部複数の読み方や意味をもつものも）。英語の"I・my・me"のような格変化や日本語のような活用もなく、「て・に・を・は」のような助詞もありません。

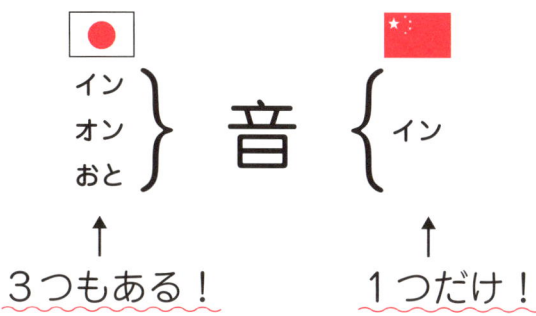

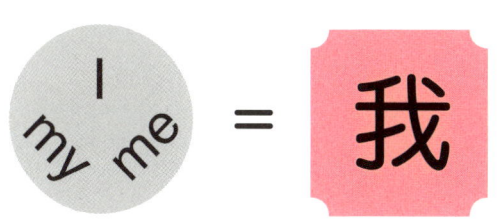

人称は英語のように形を変えない！

私 ✗ 中国人 で ある。

「て・に・を・は」がない！

意味が大違いの漢字

　日本語の単語としてなじみのある文字なのに、中国語になると意味が異なる単語があります。「麻雀」の看板を見たら、中国人なら誰もが「スズメ」を連想します。

ダージア
大家
皆さん

チューコウ
出口
輸出

ジャンフ
丈夫
だんなさん、主人

シアオシン
小心
気をつける

シンウェン
新闻
ニュース

イェンスー
颜色
色、色彩

反対にすると同じ意味になる漢字

　2文字以上の熟語で、入れ替えると日本語と同じ意味になるものがあります。

ジエシャオ
介绍
日本の漢字では
↓　↓
介　绍
紹　介する

ミンユン
命运
日本の漢字では
↓　↓
命　運
運　命

フーピン
和平
日本の漢字では
↓　↓
和　平
平　和

シエンジー
限制
日本の漢字では
↓　↓
限　制
制　限する

ユーイェン
语言
日本の漢字では
↓　↓
語　言
言　語

リーチー
日期
日本の漢字では
↓　↓
日　期
期　日

このように漢字という共通の文字を使っているのですから、非漢字圏の学習者と比べ、圧倒的に有利な立場で学習を始められるはずです。

簡体字に慣れよう

　中国大陸では、長い間使われてきた筆画の多い繁体字をもとに、1960年代までに文字改革を施行しました。現在はそのときにまとめられた簡体字を、正式な文字として学校教育や報道など公の場で使用しています。文字の全体が簡略化されたものと、偏や旁などの一部が簡略化されたものがあります。

　日本で使われている現在の漢字は、そのどちらになるのでしょう。答えは「両方」です。簡体字になった結果、現在の日本の漢字と同じになったものもあれば、繁体字のまま日本で使われているもの、そのどちらにも属さないもの、があります。

　現在、簡体字は中国大陸とシンガポールで、旧来の繁体字は台湾や香港で、それぞれ使われています。

よく使う簡体字

　簡体字の成り立ちには次の6種類があります。なぞり書きをしてから、練習してみましょう。

① もとの字形の一部分を残す。

習 → 习　　　麗 → 丽

② もとの字形の特徴や輪かくを残す。

飛 → 飞　　　門 → 门

③ 草書体（行書をさらに崩した書体）を応用する。

書 → 书　　　車 → 车

④ 複雑な偏・旁を単純な符号にする。

師 → 师　　　難 → 难

⑤ 全部または一部に同音の字を利用する。

機 → 机　　　認 → 认

⑥ イメージを利用して新しい文字を作る。

網 → 网　　　筆 → 笔

その他

同じ簡体字を使うもの

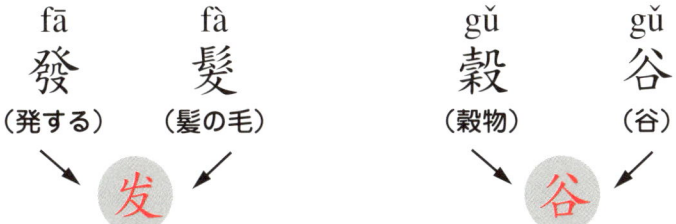

「発する」なら"fā"、「髪」なら"fà"と読みます。　両方とも"gǔ"と読みます。

　まったく意味の違う字だったものを、もともとの発音が同じか近いということで合併して、ひとつの文字にした例です。どちらの意味で使われているのかは、前後の文脈によって判断します。

日本語に似ている簡体字

　日本語に似ていて、かなり紛らわしい簡体字もあります。

　　　　　　每　　　　　　步　　　　　　写
（「毎」ではありません）（「歩」ではありません）（「写」ではありません）

基本文型を見てみよう

動詞述語文

動詞が述語になる文は基本的に2種類で、英語の「be動詞」と「一般動詞」と考えて差し支えありません。

パターン1

—— これは鉛筆です。

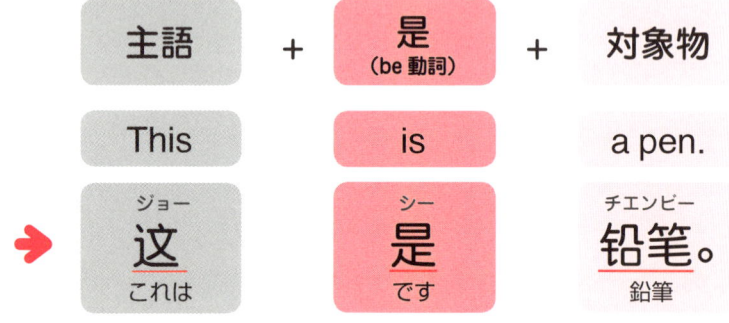

パターン2

—— 私は本を読みます。

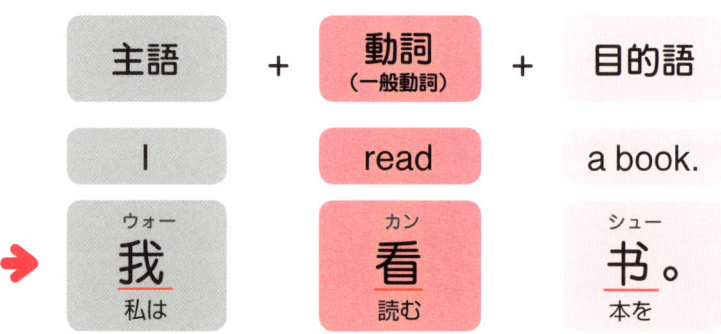

中国語の大きな特徴は、主語の人称が変わっても動詞は変化しない点です。英語と比較すると、次のようになります。

—— 彼は本を読みます。

🌸 否定文のつくり方

動詞の前に"不"を入れます。

—— あなたは本を買いません。

🌸 疑問文のつくり方

文末に"吗"をつけるだけです。

—— あなたは本を買いますか？

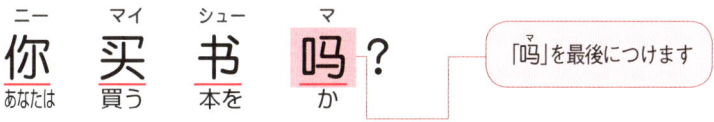

これらの規則は、どんな主語・どんな動詞でも変わりません。
ただし、"有（持っている）"の否定は例外として"没有"になります。

形容詞述語文

形容詞が述語になる文には、be動詞にあたる"是"が不要で「主語+形容詞」になります。

—— これは安いです。

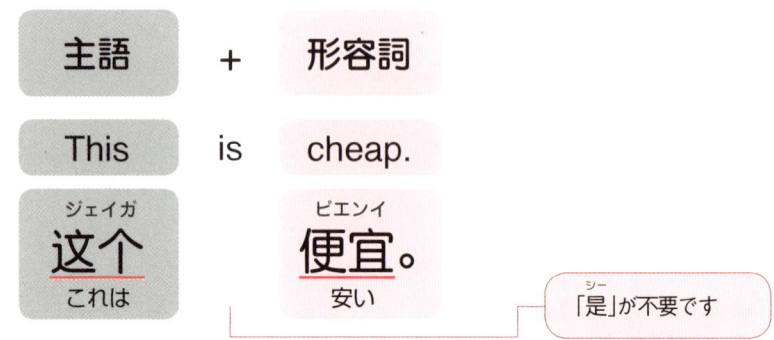

主語がどんな人称であっても（主語が誰であっても）、形容詞の形は変わりません。

—— あなたは忙しい。

—— 彼は忙しい。

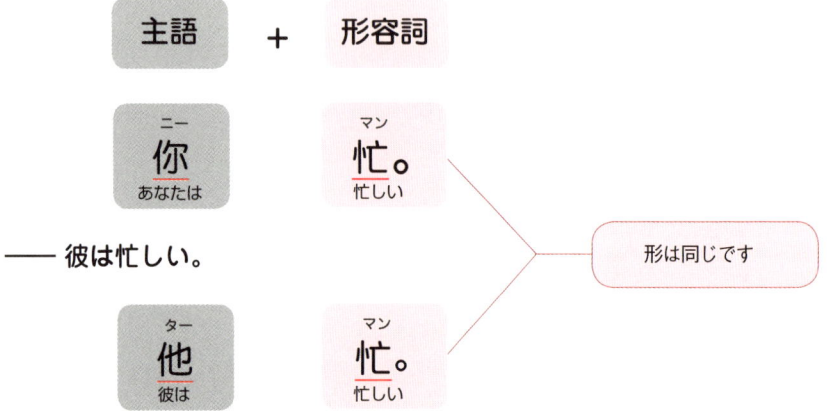

❁ 否定文のつくり方

形容詞の前に"不"を入れます。

—— 北京の夏は暑くありません。

　　　不　热。

ベイジン　ダ　シアティエン　ブー　ルー
北京　の　夏は　～ない　暑い

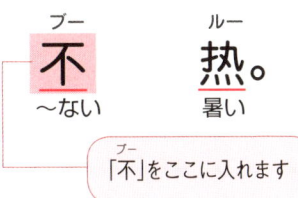

「不」をここに入れます

❁ 疑問文のつくり方

文末に"吗"をつけるだけです。

—— 北京の夏は暑いですか？

　　　　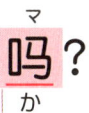？

ベイジン　ダ　シアティエン　ルー　マ
北京　の　夏は　暑い　か

「吗」を最後につけます

名詞述語文

20ページで紹介した動詞述語文パターン1「"是"の文」の例外として、主語と名詞のあいだに"是"を使わない場合もあります。

── 私は25歳です。

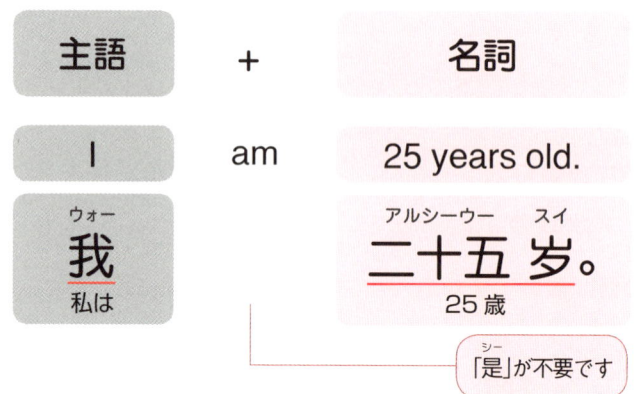

ただし、否定文では"是"が必要で、"不是"で名詞を否定します。

── 私は25歳ではありません。

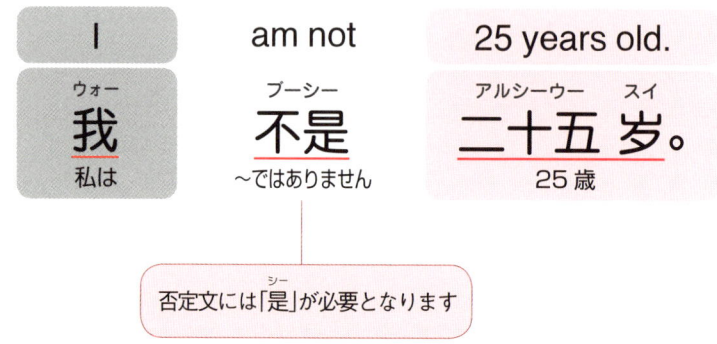

"是"を使わないのは、次のような場合です。

日付・時刻	今天　五月七号。（今日は5月7日です。） ジンティエン　ウーユエチーハオ 今日は　　5月7日
	现在　三点半。（今、3時半です。） シエンザイ　サンディエンバン 今　　三時半
価格	这个　杯子　十五块。（このコップは15元です。） ジェイガ　ベイズ　シーウークワイ この　コップは　15元
天候	今天　晴天。（今日は晴天です。） ジンティエン　チンティエン 今日は　晴天
出身地	她　广东人。（彼女は広東人です。） ター　グワンドンレン 彼女は　広東人

反復疑問文

ここまでで学習した疑問文のほかに、「反復疑問文」というものがあります。反復疑問文は「肯定＋否定」の形で構成され、文末の"吗"は不要です。意味は"吗"を使う疑問文と同じですが、確認のニュアンスが少し強くなる程度で、英語のように念を押す意味はありません。

—— これは鉛筆ですか？

这　是　不是　铅笔？
ジョー　シー　ブーシー　チエンビー
これは　です　〜ではありません　鉛筆

発音トライ！ 四声と軽声

　すでに説明したように、中国語の文字は簡体字で表記されます。そして、その簡体字の発音は「ピンイン」というローマ字記号と、「四声」という4種類の上がり下がりを示す声調符号で表されます。

　この本では、カタカナによる発音でも表記していますが、音は人それぞれ感じ方が異なり、カタカナですべての発音をカバーできるものではありません。なるべくピンインと声調符号だけで発音するよう心がけましょう。

　発音を覚えるのは、音楽のように耳で慣れていくのが効果的です。まずはCDをよく聴いて、実際に発音して音の印象をつかみましょう。

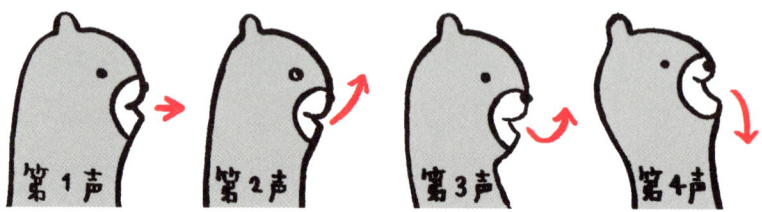

声調と四声

　声調とは、音の上げ下げや高低の調子のことで、第1声から第4声の4つがあります。声調符号をピンインの上につけ、アクセントや調子を表します。

　ただしこれは、絶対的な音の高さを表すものではありません。音の調子の区別くらいに考えましょう。

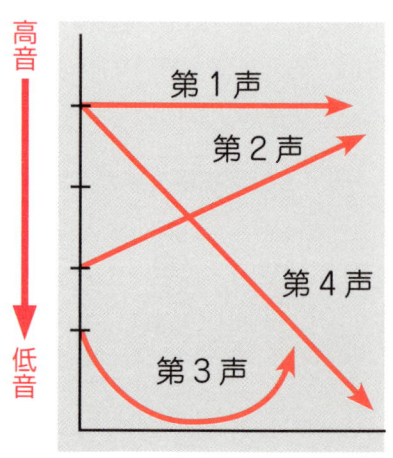

| 第1声 | mā  | （妈　意味：お母さん）
高音で水平。意識して高く平らに同じ高さで発音する。危ない場面での「あーっ！」に近い音。 |

| 第2声 | má  | （麻　意味：麻）
低音から高音へ一気に。急いで上がり、そのまま終わる。人に何かを聞き返すときの「えぇっ？」に近い音。 |

| 第3声 | mǎ  | （马　意味：馬）
ぐーっと低く抑え、語尾が少し上がる。ゆっくり長めにするのがコツ。 |

| 第4声 | mà  | （骂　意味：ののしる）
出だしを高く、上から下へストンと一気に下げる。何かに気づいたときの「あぁ…」に近い音。 |

| 軽声 | ma | （吗　意味：〜ですか？）
軽く発音する。前に置かれる文字の声調によって音の高さが決まる。 |

＊練　習

ma の第1声から第4声に、軽声の ma をつけて練習してみましょう。

1．第1声＋軽声　→　māma　　2．第2声＋軽声　→　máma
3．第3声＋軽声　→　mǎma　　4．第4声＋軽声　→　màma

単母音の発音［7種類］

まず日本語の「ア・イ・ウ・エ・オ」に相当する、最も基本的な母音となる単母音を覚えましょう。単母音は、全部で7種類あります。

また「e」や「ü」は、日本語に似た音がなく発音しにくいので、ＣＤをよく聴いて特徴をつかみましょう。

a		日本語の「ア」よりも口を大きく開ける。
o		日本語の「オ」よりも唇を丸く突き出す。
e		口の形は「エ」で、声はのどの奥から「オー」。
i (yi)		「イーだ！」と言うように、口を左右に強く引く。
u (wu)		唇を小さく丸めて突き出し、「ウー」。
ü (yu)		「イ」の口で「ウ」と発音。草笛を吹く感じで、唇は震える。
er		「e」の発音をしながら、舌先を中に引く。

※（　）は前に子音がない場合のつづりです。

＊ 練　習

単母音と四声を組み合わせて、次の発音をしてみましょう。

1. è
   饿（腹が減る）

2. yī
   一（ひとつの）

3. wǔ
   五（五つの）

子音 [21種類]

　子音は、全部で21種類あります。子音だけでは発音ができないので、（　）の母音をつけて練習してみましょう。「無気音」は、息をやわらかく抑えぎみに出し、「有気音」は息を勢いよく出して発音します。

　「有気音」「無気音」の違いは清音・濁音ではなく、息の出し方の違いです。薄い紙を口の前に垂らして音を発したとき、有気音は発した瞬間に紙が揺れる程度の強さです。

	無気音	有気音		
唇を使う音	b(o)	p(o)	m(o)	f(o)
舌の先と上の歯茎を使う音	d(e)	t(e)	n(e)	l(e)
上あごの奥と舌のつけ根を使う音	g(e)	k(e)	h(e)	
舌面と上あごで出す音	j(i)	q(i)	x(i)	
舌を立てるようにして上の歯のうしろ（口蓋）に摩擦させる音	zh(i)	ch(i)	sh(i)	r(i)
舌先を前歯の裏にあてる音	z(i)	c(i)	s(i)	

＊練　習

　「子音＋単母音＋四声」の組み合わせで、次の発音をしてみましょう。

1. chī
   吃（食べる）

2. qù
   去（行く）

3. lù
   路（道）

複合母音［13種類］

　複合母音は2つ以上の母音を組み合わせたもので、全部で13種類あります。別々の音にせず、滑らかに続くように発音しましょう。

　また、ここでの"e"は単母音のようなあいまいな音ではなく、日本語の「エ」のように発音します。

前の母音をはっきりと	ai	ei	ao	ou	
後の母音をはっきりと	ia (ya)	ie (ye)	ua (wa)	uo (wo)	üe (yue)
中の母音をはっきりと	iao (yao)	iou (you)	uai (wai)	uei (wei)	

※（　）は前に子音がないときのつづりです。

＊練　習

「子音＋複合母音＋四声」の組み合わせで、次の発音をしてみましょう。

1. shéi　　　　2. jiā　　　　3. duō　　　　4. lái
　 谁（誰）　　　 家（家）　　　 多（多い）　　 来（来る）

鼻母音 [16種類]

鼻母音とは、母音の語尾に"n"または"ng"をともなった発音で、全部で16種類あります。

"n"は「案内（あんない）」の「ん（n）」で、舌先を上の歯茎につけて短めに発音、"ng"は「案外（あんがい）」の「ん（ng）」で、口をやや開いて鼻にかかった発音、と覚えておきましょう。

1. 鼻にかかるかどうかの違い

an — ang	in — ing (yin) (ying)	uan — uang (wan) (wang)

2. –ng となることによって母音部分の発音も変わるもの

en — eng	ian — iang (yan) (yang)	uen — ueng (wen) (weng)

3. その他

üan (yuan)	ün (yun)	ong	iong (yong)

※（　）は、前に子音がないときのつづりです。また"uen"は、子音に続くときには"e"をとって"子音+un"とします。

＊練　習

「子音＋鼻母音＋四声」の組み合わせで、次の発音をしてみましょう。

1. děng
   等（待つ）

2. chuān
   穿（着る）

3. qǐng
   请（どうぞ）

四声の組み合わせの発音

次に、これまでに学んだ四声やピンインを組み合わせて練習します。CDをよく聴いて音のパターンを覚えましょう。

● 第1声で始まるもの

● 第2声で始まるもの

　声調符号をつける場所は母音の上です。"i"の場合は、上の点をとってから符号をつけます。1文字に母音が2つ以上あるものは口を大きく開ける音の上に、"iu""ui"の場合はうしろの文字につけます。

● 第3声で始まるもの　　● 第4声で始まるもの

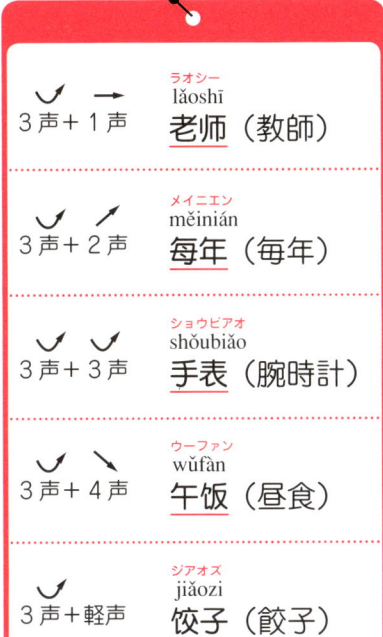

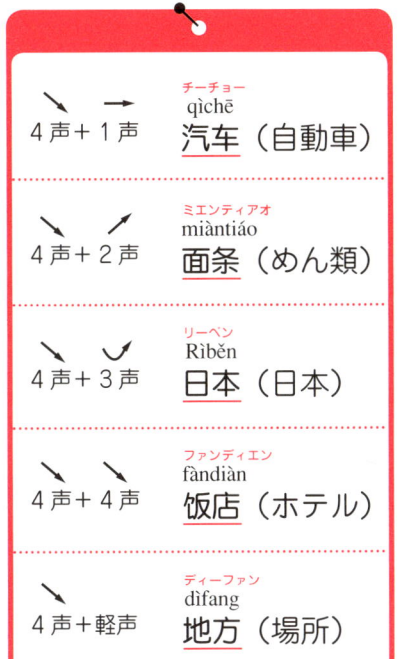

　発音の終わりのピンインが"n"か"ng"かで迷ったときは、その文字を日本語の音読みにしてみましょう。その漢字の音読みが「ん」で終われば"n"、「う」か「い」で終われば"ng"としてほぼ間違いありません。
　たとえばこのページの"饭"は音読みで「はん」ですから"fàn"で"n"、"方"は音読みで「ほう」ですから"fang"で"ng"となります。

声調の変化

CD 1 Track 8

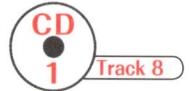

●「3声＋3声」の組み合わせ

この組み合わせは、表記は「3声＋3声」のままで、発音は**「2声＋3声」となります**。

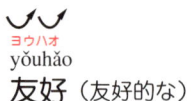

ヨウハオ
yǒuhǎo
友好（友好的な）

クーイー
kěyǐ
可以（～できる）

● 不の声調の変化

“不（bù）”は本来4声ですが、うしろが4声のときは**2声に変わります**。

ブードゥオ
bùduō
不多（多くない）

ブーライ
bùlái
不来（来ない）

ブーハオ
bùhǎo
不好（良くない）

ブーカン
búkàn
不看（見ない）

●「一」の声調の変化

“一（yī）”は本来1声ですが、**うしろが1声・2声・3声のときは4声**となり、**うしろが4声のときは2声に変わります**。

イーティエン
yìtiān
一天（一日）

イーニエン
yìnián
一年（一年）

イーディエン
yìdiǎn
一点（少し）

イーヤン
yíyàng
一样（同じ）

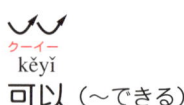

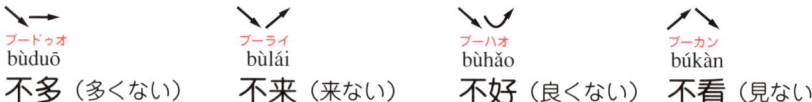

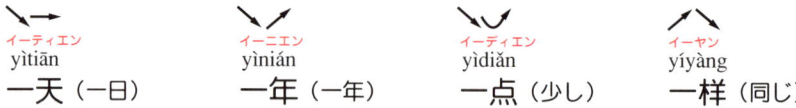

数字の読み方

1 イー yī 一	2 アル èr 二	3 サン sān 三	4 スー sì 四	5 ウー wǔ 五
6 リウ liù 六	7 チー qī 七	8 バー bā 八	9 ジウ jiǔ 九	10 シー shí 十
11 シーイー shíyī 十一	12 シーアル shíèr 十二	25 アルシーウー èrshíwǔ 二十五	31 サンシーイー sānshíyī 三十一	0 リン líng 零

100	イーバイ yìbǎi 一百	1,000	イーチエン yìqiān 一千
10,000	イーワン yíwàn 一万	100,000	シーワン shíwàn 十万
1 億	イーイー yíyì 一亿	120	イーバイアルシー yìbǎièrshí 一百二十
102	イーバイリンアル yìbǎilíngèr 一百零二	1,300	イーチエンサン yìqiānsān 一千三
1,030	イーチエンリンサンシー yìqiānlíngsānshí 一千零三十	1,003	イーチエンリンサン yìqiānlíngsān 一千零三

おもな量詞

量詞とは、ものを数えるときにつける単位のことです。日本語でも、紙を数えるときには「枚」、車には「台」などをつけて数えます。この量詞が、中国語にはたくさんあります。量詞は数字のうしろ、名詞の前につきます。

対象	量詞	例	
ものや人など	ガ ge 个	1人の人	イーガ レン yíge rén 一个 人
		3個のりんご	サンガ ピングオ sānge píngguǒ 三个 苹果
コップに入ったもの	ベイ bēi 杯	2杯の茶	リアンベイ チャー liǎngbēi chá 两杯 茶
		3杯の水	サンベイ シュイ sānbēi shuǐ 三杯 水
平面を持ったもの	ジャン zhāng 张	3枚の紙	サンジャン ジー sānzhāng zhǐ 三 张 纸
		3枚の切符	サンジャン ピアオ sānzhāng piào 三 张 票

対象	量詞	例	
ペアになったもの	シュワン shuāng 双	6膳の箸	リウシュワン　クワイズ liùshuāng　kuàizi 六双　筷子
		3足の靴	サンシュワン　シエ sānshuāng　xié 三双　鞋
書籍やノートなど	ベン běn 本	7冊の雑誌	チーベン　ザージー qīběn　zázhì 七本　杂志
		3冊の本	サンベン　シュー sānběn　shū 三本　书
細長いもの	ティアオ tiáo 条	2本の道	リアンティアオルー liǎngtiáo　lù 两条　路
		3着のスカート	サンティアオ　チュンズ sāntiáo　qúnzi 三条　裙子
服・ことがらなど	ジエン jiàn 件	9枚のシャツ	ジウジエン　チェンシャン jiǔjiàn　chènshān 九件　衬衫
		3件の用事	サンジエン　シー sānjiàn　shì 三件　事
建造物の階数	ロウ lóu 楼	10階	シーロウ shílóu 十楼

パート1 基本の文法と発音

時刻の表現

時刻の表現は以下のようになります。

午　前		午　後	
シャンウー shàngwǔ 上午		シアウー xiàwǔ 下午	
朝	正　午		夜
ザオシャン zǎoshang 早上	ジョンウー zhōngwǔ 中午		ワンシャン wǎnshang 晚上

ザオシャンチーディエン ジョン
zǎoshang qīdiǎn zhōng
早上 七点（钟）
朝の7時

シャンウージウディエンスーシーウーフェン
shàngwǔ jiǔdiǎn sì shí wǔ fēn
上午 九点 四十五分
午前9時45分

ワンシャンシーディエンウーシーフェン
wǎnshang shídiǎn wǔ shí fēn
晚上 十点 五十分
夜の10時50分

シアウーサンディエンスーシーフェン
xiàwǔ sāndiǎn sì shí fēn
下午 三点 四十分
午後3時40分

シアウースーディエン ズオヨウ
xiàwǔ sìdiǎn zuǒyòu
下午 四点 左右
午後の4時ごろ

リウディエンバン
liùdiǎn bàn
六点 半
6時30分

※30分を"半"といいます。

バーディエンイークー
bādiǎn yí kè
八点 一刻
8時15分

※15分単位を"刻"という言い方もあります。

日付の表現

年号の数字はひとつひとつ読み、それ以外はそのまま普通に読みます。

日付の「〜日」は、話し言葉では"号（hào）"、文面では"日（rì）"を用います。

1998 年
イージウジウバー　ニエン
yī jiǔ jiǔ bā　nián
一九九八　年

2005 年
アルリンリンウー　ニエン
èr líng líng wǔ　nián
二〇〇五　年

5月3日
ウー　ユエ　サン　ハオ
wǔ　yuè　sān　hào
五　月　三　号

12月 20日
シーアル　ユエ　アルシー　ハオ
shí èr　yuè　èr shí　hào
十二　月　二十　号

曜日の表現

曜日は、"星期"のあとに「一、二、…六」をつけて表します。日曜日だけは"星期 天"、あるいは"星期 日 (xīngqī rì)"といいます。"星期"の代わりに"礼拜 (lǐbài)"を用いることもあります。

月曜日	火曜日	水曜日	木曜日	金曜日	土曜日	日曜日
シンチー イー	シンチー アル	シンチー サン	シンチー スー	シンチー ウー	シンチー リウ	シンチー ティエン
xīngqī yī	xīngqī èr	xīngqī sān	xīngqī sì	xīngqī wǔ	xīngqī liù	xīngqī tiān
星期 一	星期 二	星期 三	星期 四	星期 五	星期 六	星期 天

チー ユエ リウ ハオ
qī yuè liù hào
七 月 六 号

シンチー サン
xīngqī sān
星期 三

7月6日　水曜日

シーイー ユエ シーアル ハオ
shíyī yuè shí'èr hào
十一 月 十二 号

シンチー ティエン
xīngqī tiān
星期 天

11月12日　日曜日

期間の表現

1年間 イーニエン yìnián 一年	2か月間 リアンガ ユエ liǎngge yuè 两个 月	3週間 サンガ シンチー sānge xīngqī 三个 星期	4日間 スーティエン sìtiān 四天	
5時間 ウーガ シアオシー wǔge xiǎoshí 五个 小时	3分間 サンフェン ジョン sānfēn zhōng 三分 钟	10秒間 シーミアオ shímiǎo 十秒		

時を表すその他の言葉

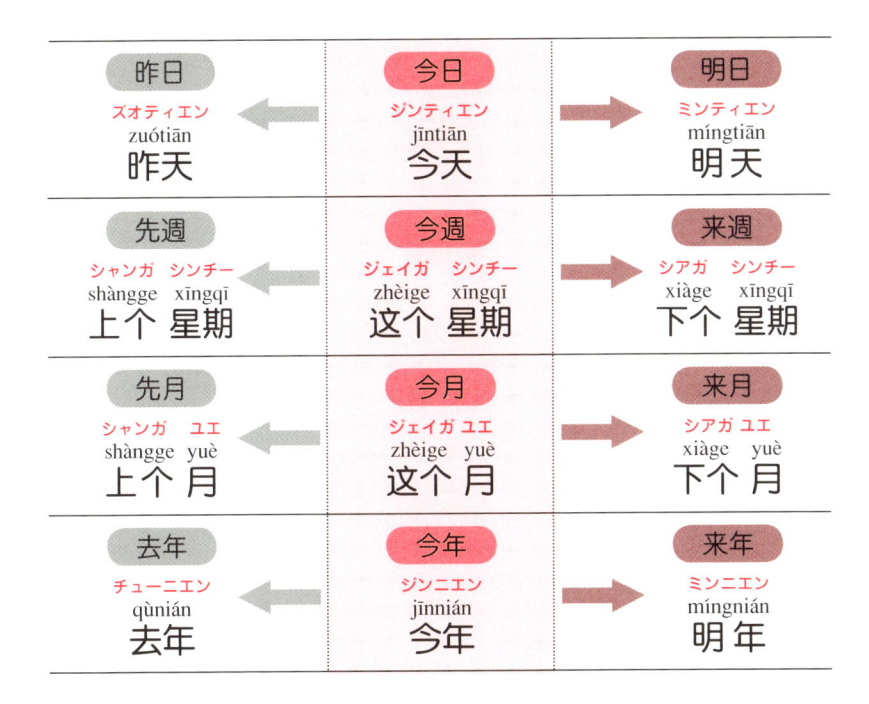

昨日	←	今日	→	明日
ズオティエン zuótiān 昨天		ジンティエン jīntiān 今天		ミンティエン míngtiān 明天
先週	←	今週	→	来週
シャンガ シンチー shàngge xīngqī 上个 星期		ジェイガ シンチー zhèige xīngqī 这个 星期		シアガ シンチー xiàge xīngqī 下个 星期
先月	←	今月	→	来月
シャンガ ユエ shàngge yuè 上个 月		ジェイガ ユエ zhèige yuè 这个 月		シアガ ユエ xiàge yuè 下个 月
去年	←	今年	→	来年
チューニエン qùnián 去年		ジンニエン jīnnián 今年		ミンニエン míngnián 明年

パート1 基本の文法と発音

お金の表現

中国の通貨である人民元「**人民币**（rénmínbì）」の基本単位は"元"です。その10分の1の価値を表すのが"角"、100分の1の単位が"分"です。しかし、これらは硬貨や紙幣の単位として用いるもので、通常のやりとりの中では次のようになります。

	壹元	伍元	拾元	伍拾元	壹佰元
	イークワイ yíkuài 一块	ウークワイ wǔkuài 五块	シークワイ shíkuài 十块	ウーシークワイ wǔshíkuài 五十块	イーバイクワイ yìbǎikuài 一百块

壹角	伍角	壹分	伍分
イーマオ yìmáo 一毛	ウーマオ wǔmáo 五毛	イーフェン yìfēn 一分	ウーフェン wǔfēn 五分

		1/10 = 0.1 元	1/100 = 0.01 元
通常の会話	クワイ kuài 块	マオ máo 毛	フェン fēn 分
単位として	ユエン yuán 元	ジアオ jiǎo 角	フェン fēn 分

● 金額が単位をまたがる場合は、最後の単位を省略することもできます。

15.64 元 → 十五块 六毛 四（分）
シーウークワイ　リウマオ　スー　フェン
shíwǔkuài　liùmáo　sì　fēn

3.8 元 → 三块 八（毛）
サンクワイ　バー　マオ
sānkuài　bā　máo

● 単位の前の「2」は「两（liǎng）」。単位が省略されるときの「2」は「二（èr）」となります。

2.42 元 → 两块 四毛 二
リアンクワイ　スーマオ　アル
liǎngkuài　sìmáo　èr

● 単位がとぶときには「零（líng）」が必要です。

28.04 元 → 二十八块 零 四
アルシーバークワイ　リン　スー
èr shí bā kuài　líng　sì

　このように、単位の使い方はパターンが決まっています。あとは数字を聴いて早く反応することが大切です。とくに買い物のときなどは瞬時の判断が必要になるので、数字の大小には充分に慣れておきましょう。

コラム 金銭感覚

　日本では「つまらないものですが…」「ほんの少しですが…」と謙遜しながらお土産やプレゼントを渡す習慣がありますが、中国では違います。つまらないものではいけないのです。極端にいえば、渡すものはよいものであるべきで、それを伝えるためのPRが必要になります。贈り物をするという行為そのものより、「これだけ価値のあるものをあげたんだよ」ということのほうが重視されているようです。

　ですから中国の人は、プレゼントをもらったときでも「これはいくらだったのか」ということを知りたがります。そのほか、初対面でも「あなたは給料をいくらもらっているの？」とか「このものの原価はいくら？」などという、日本人の秘密にしたい（言いにくい）事柄も、気軽に質問してきます。かといって、私たちが最初から「これは○○円のお土産です」と言いながら渡すのもなかなか難しいとは思うのですが…。

　商売の天才といわれる中国の人たちは、小さい頃からそうやって敏感に金銭感覚を養ってきたのでしょう。食事で精算するときの合計金額、つり銭が正しいかどうかなどもしっかり確認します。そして少しでも疑問点があれば、遠慮せずにはっきりと尋ねます。私たち日本人は、お金のことを口に出すのはタブーと考え、あまり確かめずにそのままポケットや財布に収めてしまいがちですね。このような中国の人たちの注意深さは見習うべき点かもしれません。

パート2

基本のあいさつと便利なフレーズ

語学習得の第一歩は、あいさつから。「你好（ニーハオ）」や「谢谢（シエシエ）」などの基本的なあいさつや、よく使う便利なフレーズを練習しましょう。

こんにちは／さようなら

Track 16 ノーマルスピード CD1

こんにちは。
ニー　ハオ
Nǐ　hǎo
你 好！
あなたは　よい

> どんな時間にも使えるあいさつです。"您 好！（Nín hǎo）"なら、ていねいな表現になります。"你"のていねいな言い方が"您"です。

おはようございます。
ザオシャン　ハオ
Zǎoshang　hǎo
早上 好！
朝は　よい

みなさん、こんにちは。
ニーメン　ハオ
Nǐmen　hǎo
你们 好！
あなたたちは　よい

> "你"は「あなた」。"们"がついて"你们"になると、「あなたたち」と、複数形になります。

さようなら。
ザイ　ジエン
Zài　jiàn
再 见！
また　会う

また明日。
ミンティエン　ジエン
Míngtiān　jiàn
明天 见！
明日　会う

> "明天"を"后天（hòutiān）（明後日）"などにも変えられます。

おやすみなさい。
ワン　アン
Wǎn'　ān
晚 安。
夜　おだやか

お元気ですか？／元気です

CD1 ノーマルスピード Track 17

お元気ですか？

ニー　ハオ　マ
Nǐ　hǎo　ma
你　好　吗？
あなたは　よい　か

> "你好"「こんにちは」の文末に"吗？"をつけることで、「お元気ですか？」という意味の疑問文になります。

元気です。

ヘン　ハオ
Hěn　hǎo
很　好。
とても　よい

あまり元気ではありません。

ブー　タイ　ハオ
Bú　tài　hǎo
不　太　好。
ない　とても　よい

仕事はいかがですか？

ゴンズオ　ゼンマヤン
Gōngzuò　zěnmeyàng
工作　怎么样？
仕事は　どのような

忙しいです。

ウォー　ヘン　マン
Wǒ　hěn　máng
我　很　忙。
私は　とても　忙しい

まあまあです。

ハイ　クーイー
Hái　kěyǐ
还　可以。
まあ　よい

> "可以"はもともと「できる、よろしい」を意味することばです。

パート2　基本のあいさつと便利なフレーズ

はい／いいえ

ノーマルスピード　Track 18

はい。（そうです。）
シー
Shì
是。
である

> "是" と "不是" は、事実かどうかに対して用いる答え方です。

いいえ。（ちがいます。）
ブー　　シー
Bú　　shì
不　是。
ない　である

はい。（正しいです。）
ドゥイ
Duì
対。
正しい

> "対" と "不対" は、正しいかどうかを答える表現です。

いいえ。（ちがいます。）
ブー　　ドゥイ
Bú　　duì
不　対。
ない　正しい

いいです。（OK です。）
クーイー
Kěyǐ
可以。
よい

> "可以" と "不可以" は許可・不許可を表す答え方です。

だめです。
ブー　　クーイー
Bù　　kěyǐ
不　可以。
ない　よい

すみません（呼びかけ）／ごめんなさい

すみません。（お尋ねします。）
チン　ウェン
Qǐng wèn
请 问。
頼む 尋ねる

> "请问"は、何かを尋ねようと声をかけるときに用います。

すみません。（女の人に）
シャオジエ
Xiǎojiě
小姐！
お嬢さん

すみません。（男の人に）
シエンション
Xiānsheng
先生！
男の人

> 呼びかける場合に用います。

ごめんなさい。
ドゥイブチー
Duìbuqǐ
对不起。
すまないと思う

申し訳ありません。
ヘン　バオチエン
Hěn bàoqiàn
很 抱歉。
とても 申し訳なく思う

大丈夫です。
ブー　ヤオジン
Bú yàojǐn
不 要紧。
ない 重大

> 「重大」という意味の"要紧"を否定しているので、「影響は大きくない」→「大丈夫だ」と受け答えたいときに用います。

何でもありません。
メイ　グワンシ
Méi guānxi
没 关系。
ない 関係

> 「気にしていない」という意味で受け答えるときに用います。

パート2　基本のあいさつと便利なフレーズ

おいしい／ありがとう

おいしい。
ハオチー
Hǎochī
好吃。
おいしい

ありがとう。
シエシエ
Xièxie
谢谢。
ありがとう

> 文末に"你（あなた）"などをつけて"谢谢你"や"谢谢您"という言い方もあります。"您"を用いるとよりていねいです。

▶ どういたしまして。
ブー　　クーチ
Bú　　kèqi
不　客气。
ない　遠慮する

> "谢谢"などと言われた後に返すことばです。

▶ どういたしまして。
ブー　　ヨン　　シエ
Bú　　yòng　xiè
不　用　谢。
ない　必要　感謝する

問題ありません／わかりました

問題ありません。

メイ　　ウェンティ
Méi　　wèntí
没　　问题。
ない　　問題

ご安心ください。

チン　　ファンシン
Qǐng　　fàngxīn
请　　放心。
どうぞ　安心する

頭の中でクリアになっているかどうかを答える表現です。

わかりました。　　　わかりません。

ミンバイ　ラ　　　　ブー　　ミンバイ
Míngbai　le　　　　Bù　　míngbai
明白　　了。　　　　不　　明白。
明らか　なった　　　ない　明らか

知っているかどうかを答えるときの表現です。

わかりました。　　　わかりません。

ジーダオ　ラ　　　　ブー　　ジーダオ
Zhīdao　le　　　　Bù　　zhīdao
知道　　了。　　　　不　　知道。
わかる　なった　　　ない　わかる

聞いて理解できるかどうかを答えるときの表現です。

わかりました。　　　わかりません。

ティン　ダ　　ドン　　ティン　ブ　　ドン
Tīng　de　dǒng　　Tīng　bu　dǒng
听　　得　　懂。　　听　　不　　懂。
聞く　（補語）わかる　聞く　ない　わかる

ある、ない／多い、少ない

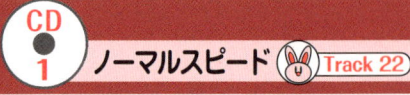

「持っている」かどうかを答える表現です。

あります。
（持っています。）
ヨウ
Yǒu
有。
持っている

ありません。
（持っていません。）
メイ　ヨウ
Méi yǒu
没 有。
ない 持っている

存在のある、なしを答える表現です。

あります。
（います。）
ザイ
Zài
在。
ある

ありません。
（いません。）
ブー　ザイ
Bú zài
不 在。
ない ある

単純に、多いか少ないかを答える表現です。

多いです。
ヘン　ドゥオ
Hěn duō
很 多。
とても 多い

少ないです。
ヘン　シャオ
Hěn shǎo
很 少。
とても 少ない

否定することで、多い・少ないを強調する表現です。

少なくないです。
（＝多いです。）
ブー　シャオ
Bù shǎo
不 少。
ない 少ない

多くないです。
（＝少ないです。）
ブー　ドゥオ
Bù duō
不 多。
ない 多い

パート 3

超基本 入れ替えフレーズ

主語や動詞などを入れ替えて超基本フレーズを覚えましょう。ゆっくりスピードで発音のコツをつかんだら、ノーマルスピードでスラスラと話せるよう練習しましょう。

フレーズ01

🎧 CD1　ゆっくりスピード Track 23　ノーマルスピード Track 24

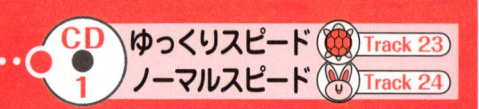

私は日本人です。

ウォー	シー	リーベンレン
Wǒ	shì	Rìběnrén
我	是	日本人。
私は	です	日本人

基本文型 … 我 ＋ 是 ＋ 〜。（私は〜です。）

"是" は英語の be 動詞のように用いられる動詞です。主語が "我" でなく、"你（あなた）" や "他（彼）" のように人称が変わっても "是" は形を変えず、時制が変化してもこの形を用います。

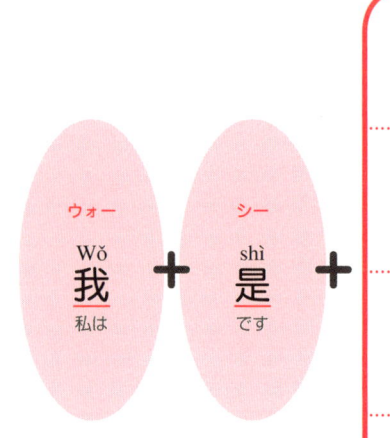

ウォー Wǒ 我 私は	＋	シー shì 是 です	＋	シュエション xuésheng 学生。 学生	私は学生です。
				ゴンスージーユエン gōngsīzhíyuán 公司职员。 会社員	私は会社員です。
				リンムー Língmù 铃木 鈴木　ユーズー Yùzǐ 裕子。 裕子	私は鈴木裕子です。
				ジューフー zhǔfù 主妇。 主婦	私は主婦です。

入れ替え★単語

- イーシュージア　yìshùjiā　艺术家　アーティスト
- ミーシュー　mìshū　秘书　秘書

フレーズ 02

CD 1 　ゆっくりスピード Track 25
　　　ノーマルスピード Track 26

私は韓国人ではありません。

ウォー　　ブーシー　　ハングオレン
Wǒ　　　búshì　　　Hánguórén
我　　　不是　　　韩国人。
私は　　ではありません　韓国人

基本文型 … 我 + 不是 + ～。（私は～ではありません。）

動詞の前に"不"を置くことで否定の意味になります。中国語は、主語が変わっても動詞の形は変わらないので（肯定文でも否定文でも同様）、主語が"你（あなた）""他（彼）"などになっても"不是"を用います。

パート3　超基本入れ替えフレーズ

ウォー　　　ブーシー
Wǒ　　　　búshì
我　　＋　不是　＋
私は　　　ではありません

イーション
yīshēng
医生。
医者
→ 私は医者ではありません。

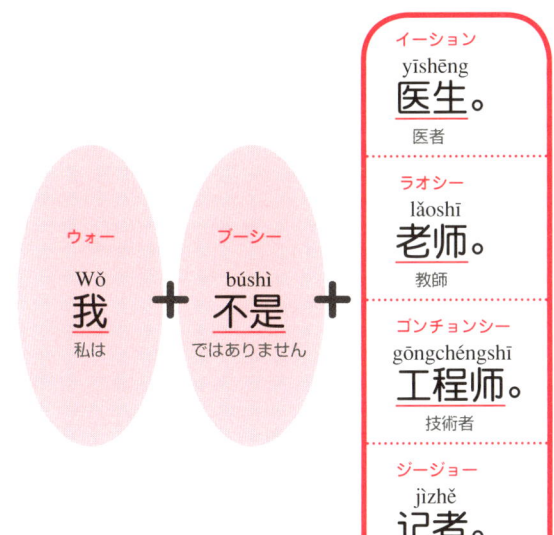

ラオシー
lǎoshī
老师。
教師
→ 私は教師ではありません。

ゴンチョンシー
gōngchéngshī
工程师。
技術者
→ 私は技術者ではありません。

ジージョー
jìzhě
记者。
記者
→ 私は記者ではありません。

入れ替え★単語

フェイトーズー
fēitèzú
飞特族
フリーター

ショウフオユエン
shòuhuòyuán
售货员
販売員

55

フレーズ03

CD 1
ゆっくりスピード Track 27
ノーマルスピード Track 28

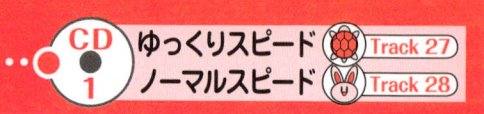

あなたは陳さんですか？

ニー	シー	チェン	シエンション	マ
Nǐ	shì	Chén	xiānsheng	ma
你	是	陈	先生	吗？
あなたは	です	陳	さん	か

基本文型　你＋是＋～＋吗？（あなたは～ですか？）

日本語の「～です」の文章の後に「か？」をつければ疑問文になるように、中国語でも、肯定文の文末に"吗？"をつけるだけで「～ですか？」という疑問文になります。

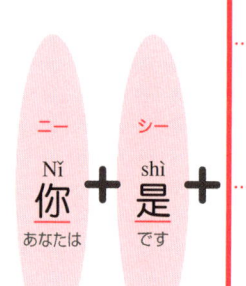

ニー Nǐ 你 あなたは ＋ シー shì 是 です ＋

ジョングオレン
Zhōngguórén
中国人
中国人

ダオヨウ
dǎoyóu
导游
ガイド

ジョール　ダ　ディエンユエン
zhèr　de　diànyuán
这儿 的 店员
ここ　の　店員

ジェイガ　ジューチャン　ダ　ジーユエン
zhèige　jùchǎng　de　zhíyuán
这个 剧场 的 职员
この　劇場　の　職員

＋ マ ma 吗？ か

あなたは中国人ですか？

あなたはガイドですか？

あなたはここの店員ですか？

あなたはこの劇場の職員ですか？

入れ替え★単語

チューシー
chúshī
厨师
コック

ベイジンレン
Běijīngrén
北京人
北京出身の人

フレーズ 04

CD1 ゆっくりスピード Track 29 / ノーマルスピード Track 30

これは何ですか？

ジョー	シー	シェンマ
Zhè	shì	shénme
这	是	什么？
これは	です	何

基本文型 … ～＋是＋什么？（～は何ですか？）

「何」を尋ねるときは、"什么"を用います。英語の"what"にあたる疑問詞で、不明な部分に"什么"を当てはめます。"什么"のような疑問詞が用いられる疑問文では、文末の"吗"は不要です。

パート3 超基本入れ替えフレーズ

ナー Nà 那 あれ（それ）は				あれ（それ）は何ですか？
ジェイ ジョン シュイグオ Zhèi zhǒng shuǐguǒ 这 种 水果 これ 種類 果物は		＋	シー シェンマ shì shénme 是 ＋ 什么？ です 何	この果物は何ですか？
ジェイガ インリアオ Zhèige yǐnliào 这个 饮料 この 飲み物は				この飲み物は何ですか？
ネイガ ツァイ Nèige cài 那个 菜 あの 料理は				あの料理は何ですか？

入れ替え★単語

ネイガ ユエンダ ドンシ
nèige yuán de dōngxi
那个 圆的 东西
あの 丸いの もの
あの丸いもの

ジェイガ ジエンジュー
zhèige jiànzhù
这个 建筑
この 建築
この建物

57

フレーズ 05

CD 1　ゆっくりスピード Track 31
　　　ノーマルスピード Track 32

これは食べ物ですか？

Zhè	shì	shípǐn	ma
ジョー	シー	シーピン	マ
这	是	食品	吗?
これは	です	食べ物	か

基本文型 … 这＋是＋〜＋吗?（これは〜ですか？）

文末に"吗"を置いて疑問の形にするのは、フレーズ３で学習した"你 是 〜 吗？（あなたは〜ですか？）"と同じです。

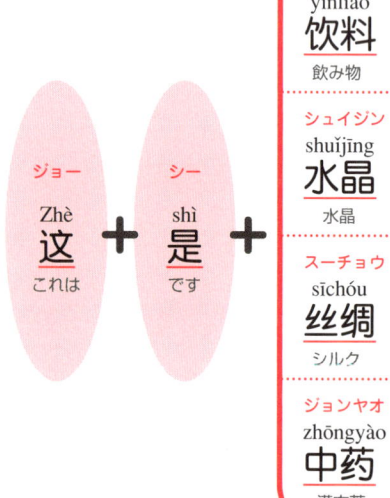

ジョー Zhè 这 これは	＋ シー shì 是 です	＋ インリアオ yǐnliào 饮料 飲み物	＋ マ ma 吗? か
		シュイジン shuǐjīng 水晶 水晶	
		スーチョウ sīchóu 丝绸 シルク	
		ジョンヤオ zhōngyào 中药 漢方薬	

これは飲み物ですか？
これは水晶ですか？
これはシルクですか？
これは漢方薬ですか？

入れ替え★単語

ジェンダ／ジアダ	シンダ／ジウダ
zhēn de／jiǎ de	xīn de／jiù de
真的／假的	新的／旧的
本当のもの／にせのもの	新しいもの／古いもの
本物／にせ物	新しいもの／古いもの

フレーズ 06

CD 1　ゆっくりスピード Track 33
　　　ノーマルスピード Track 34

これはパスポートです。

ジョー　シー　フージャオ
Zhè　shì　hùzhào
这　是　护照。
これは　です　パスポート

基本文型　这 ＋ 是 ＋ 〜。（これは〜です。）

フレーズ1で紹介した"我 是 〜（私は〜です）。"の"我（私は）"を"这（これは）"に変えたものです。英語の be 動詞にあたる"是"の形は変わりません。主語を"那（あれは）"に変えれば、「あれは〜です」となります。

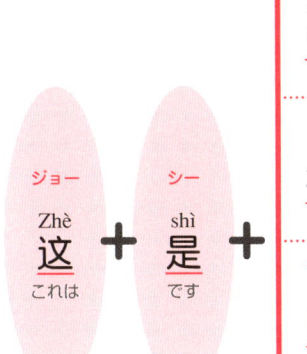

ジョー　　　　シー
Zhè　　　　shì
这　＋　是　＋
これは　　　です

シュー
shū
书。
本

これは本です。

リーピン
lǐpǐn
礼品。
お土産

これはお土産です。

リーベン　ダ　インビー
Rìběn　de　yìngbì
日本　的　硬币。
日本　の　コイン

これは日本のコインです。

グイジョンウービン
guìzhòngwùpǐn
贵重物品。
貴重品

これは貴重品です。

パート3 超基本入れ替えフレーズ

入れ替え★単語

シューマーシアンジー
shùmǎxiàngjī
数码相机
デジタルカメラ

ウォー　ジアシュー　ダ　ジャオピエン
wǒ　jiāshǔ　de　zhàopiàn
我　家属　的　照片
私　家族　の　写真
私の家族の写真

復習問題①

1 次の簡体字をなぞって練習してから、書いてみましょう。

① 職員 ⇨ (zhíyuán 职员) ⇨ (　　　)

② あなた ⇨ (nǐ 你) ⇨ (　　　)

③ もの ⇨ (dōngxi 东西) ⇨ (　　　)

④ パスポート ⇨ (hùzhào 护照) ⇨ (　　　)

⑤ この ⇨ (zhèige 这个) ⇨ (　　　)

2 次の中国語を日本語に直しましょう。

① Wǒ búshì lǎoshī.
　我 不是 老师。

② Nǐ shì Rìběnrén ma?
　你 是 日本人 吗?

③ Nèige yǐnliào shì shénme?
　那个 饮料 是 什么?

解答と解説

1

①职员
「貝」のつくものは、ほとんどがこの"贝"のように略されます。
例：貴→贵、財→财

②你
"你"の旁(つくり)の横棒には筆の返りがあります。日本語の「弥」の旁とは違います。

③东西
"东"は"本（本）""车（車）""乐（楽）"と似ているので注意しましょう。

④护照
だいぶ形が変わっていますが、"护"は「護」の簡体字です。

⑤这个
よく使われる単語です。"个"の中は縦棒が一本だけです。

2

①私は教師ではありません。
否定して「〜でない」とする場合、"是"の前に"不"を置き、発音は"búshì"となります。

②あなたは日本人ですか？

③あの飲み物は何ですか？

復習問題①

3 日本語を参考に、（　）内の語を正しい順序に並べかえましょう。

①私は医者です。　　　　　　　（是 ／ 我 ／ 医生 ／ 。）

②これは私の本です。　　　　　（我 ／ 是 ／ 书 ／ 这 ／ 的 ／ 。）

③このお土産は何ですか？　　（什么 ／ 这个 ／ 礼品 ／ 是 ／ ?）

4 CDを聴いて、中国語を書き取りましょう。
□の中には1文字ずつ中国語が入ります。

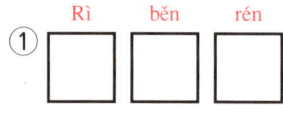

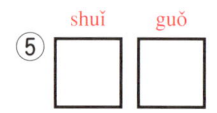

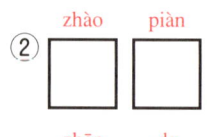

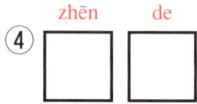

① Rì　běn　rén

② zhào　piàn

③ diàn　yuán

④ zhēn　de

⑤ shuǐ　guǒ

解答と解説

3 ① 我 是 医生。
　　　Wǒ shì yīshēng

② 这 是 我 的 书。
　　Zhè shì wǒ de shū

"～的（～の)"は所有や所属を表し、名詞を修飾します。

③ 这个 礼品 是 什么?
　　Zhèige lǐpǐn shì shénme

疑問詞疑問文には"吗"が不要なことも覚えておきましょう。

4 ① 日 本 人（日本人）
　　　Rì běn rén

"běn"は3声で、低いところでおさえるように発音されています。

② 照 片（写真）
　　zhào piàn

"zh"の巻き舌音と、"p"が有気音であることを正しく聴き取りましょう。

③ 店 员（店員）
　　diàn yuán

"yuán"は、「ユアン」ではなく「ユエン」のようになります。

④ 真 的（本物）
　　zhēn de

"de"は軽声で、前の音に添えられる程度に発音されていることに注意。

⑤ 水 果（果物）
　　shuǐ guǒ

「3声＋3声」は発音のみ「2声＋3声」になります。"礼品 lǐpǐn"なども同じです。

パート3　超基本入れ替えフレーズ

なりきりミニ会話①

CD 1　ゆっくりスピード　Track 36
　　　ノーマルスピード　Track 37

1

ニー シー ジョングオレン マ
Nǐ shì Zhōngguórén ma？
你是中国人吗？

あなたは中国人ですか？

ブーシー　ウォーシー　リーベンレン
Búshì, wǒ shì Rìběnrén
不是，我是日本人。

いいえ、私は日本人です。

張さん　あなた

2

ジョーシー シェンマ
Zhè shì shénme
这是什么？

これは何ですか？

ジョーシー インリアオ
Zhè shì yǐnliào
这是饮料。

これは飲み物です。

あなた　張さん

シェンマ インリアオ
Shénme yǐnliào
什么饮料？

どんな飲み物ですか？

ジョーシー　クーラー
Zhè shì kělè
这是可乐。

これはコーラです。

※可乐：コーラ

フレーズ1〜6で習った例文を使って、
なりきり会話をしよう。

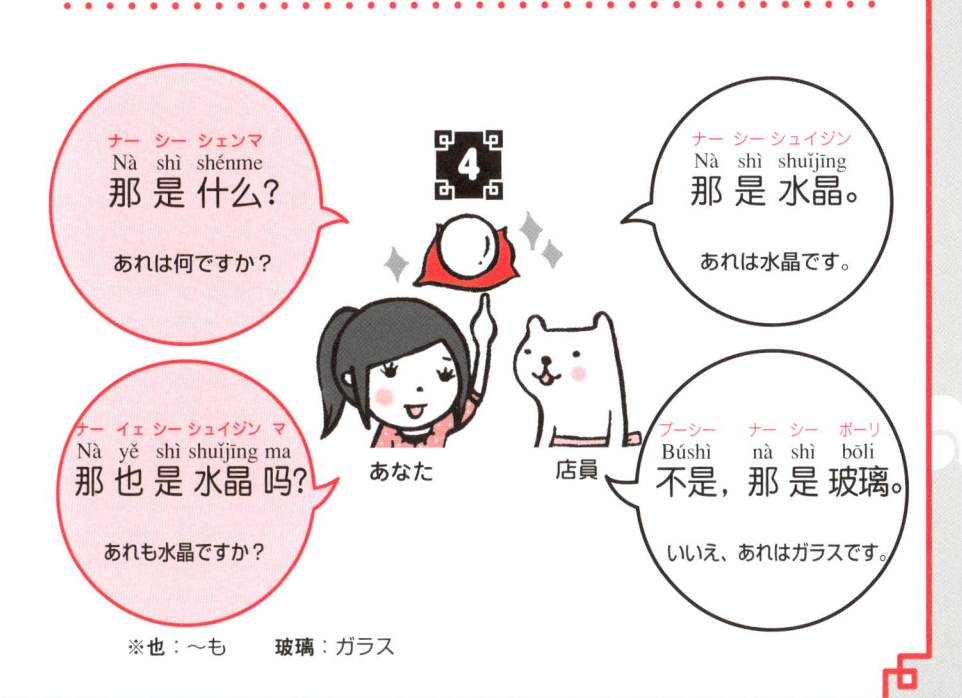

3

ニー シーディエンユエン マ
Nǐ shì diànyuán ma
你是店员吗?

あなたは店員ですか?

シー
Shì
是。

はい、そうです。

あなた　店員

4

ナー シー シェンマ
Nà shì shénme
那是什么?

あれは何ですか?

ナー シー シュイジン
Nà shì shuǐjīng
那是水晶。

あれは水晶です。

ナー イェ シー シュイジン マ
Nà yě shì shuǐjīng ma
那也是水晶吗?

あれも水晶ですか?

あなた　店員

ブーシー　ナー シー ポーリ
Búshì nà shì bōli
不是，那是玻璃。

いいえ、あれはガラスです。

※也：〜も　　玻璃：ガラス

パート3 超基本入れ替えフレーズ

フレーズ 07

CD 1　ゆっくりスピード Track 38
　　　ノーマルスピード Track 39

これはあなたのものですか？

Zhè	shì	nǐ	de	ma
ジョー	シー	ニー	ダ	マ
这	是	你	的	吗?
これは	です	あなた	〜のもの	か

基本文型　这＋是＋〜＋的＋吗?（これは〜のものですか？）

"〜的○○（名詞）"とは、"〜の○○"という意味です。○○が取れて、"〜的"だけになることがあり、この場合は、「〜のもの」という意味です。疑問詞"谁(誰)"を使う場合、文末の"吗"は不要で、"这是谁的?"だけで疑問文となります。

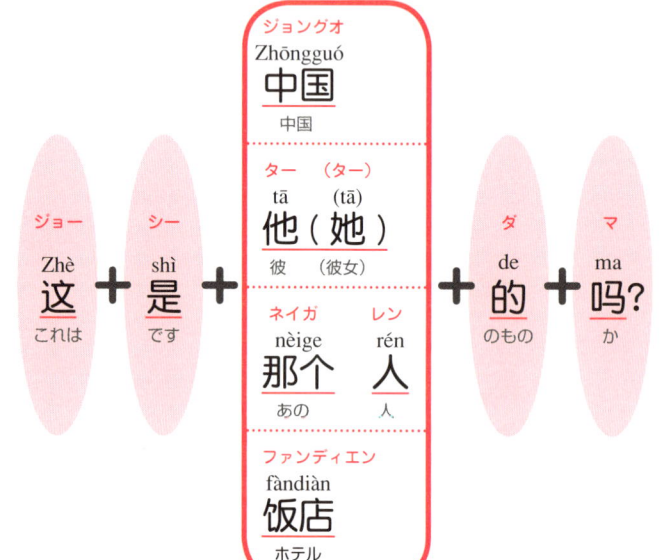

| Zhè
ジョー
这
これは | ＋ | shì
シー
是
です | ＋ | Zhōngguó
ジョングオ
中国
中国

tā (tā)
ター (ター)
他 (她)
彼 (彼女)

nèige rén
ネイガ レン
那个 人
あの 人

fàndiàn
ファンディエン
饭店
ホテル | ＋ | de
ダ
的
のもの | ＋ | ma
マ
吗?
か |

これは中国のものですか？

これは彼（彼女）のものですか？

これはあの人のものですか？

これはホテルのものですか？

入れ替え★単語

wǒ péngyou
ウォー ポンヨウ
我 朋友
私 友だち
私の友だち

shéi
シェイ
谁
誰

フレーズ08

CD1 ゆっくりスピード Track 40
ノーマルスピード Track 41

これは私がほしいものではありません。

ジョー	ブーシー	ウォー	ヤオ	ダ
Zhè	búshì	wǒ	yào	de
这	不是	我	要	的。
これは	ではありません	私が	ほしい	もの

基本文型 … 这＋不＋是＋〜。（これは〜ではありません。）

"这不是 〜（これは〜ではありません。）" は、フレーズ2と同じ否定文です。この表現にフレーズ7で学習した "〜的（〜のもの）" と動詞句を組み合わせると、買い物や食事の場面で幅広く役に立ちます。

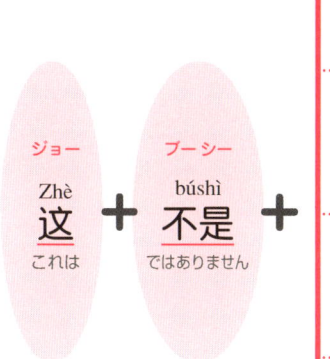

パート3　超基本入れ替えフレーズ

ジョー	ブーシー
Zhè	búshì
这	不是
これは	ではありません

＋

ウォー	ディエン	ダ
wǒ	diǎn	de
我	点	的。
私が	注文した	もの

これは私が注文したものではありません。

ウォー	マイ	ダ
wǒ	mǎi	de
我	买	的。
私が	買った	もの

これは私が買ったものではありません。

ウォー	ジーファン	ダ
wǒ	jìfàng	de
我	寄放	的。
私が	預けた	もの

これは私が預けたものではありません。

ファンザオ	ダ
fǎngzào	de
仿造	的。
模造された	もの

これはイミテーションではありません。

入れ替え★単語

チュンジン
chúnjīn
纯金
純金

マイ	ダ
mài	de
卖	的
売る	もの
売り物	

フレーズ 09

CD 1　ゆっくりスピード Track 42
　　　ノーマルスピード Track 43

これはいくらですか？

ジェイガ　　　ドゥオシャオチエン
Zhèige　　　duōshaoqián
这个　　　　多少钱？
これは　　　いくらですか

基本文型　〜＋多少钱？（〜はいくらですか？）

値段を尋ねるときには、尋ねたいもののうしろに"多少钱？"をつけます。指さしで"多少钱？"だけでも通じます。「〜1個いくらですか？」と言いたい場合には、"多少钱"のうしろに、買う品物の単位をつけます。

イーゴン Yígòng 一共 全部で	全部でいくらですか？
チョーフェイ Chēfèi 车费 交通費は	交通費（車代）はいくらですか？
シュワンレンファン　イーティエン Shuāngrénfáng　yìtiān 双人房　一天 ツインルームは　一晩	ツインルームは一晩、いくらですか？
プーアルチャー Pǔ'ěrchá 普洱茶 プーアル茶は	プーアル茶はいくらですか？

＋

ドゥオシャオチエン
duōshaoqián
多少钱？
いくらですか

入れ替え★単語

ロウバオズ
ròubāozi
肉包子
肉まん

ヨウティアオ
yóutiáo
油条
揚げパン

フレーズ 10

CD1 ゆっくりスピード Track 44
ノーマルスピード Track 45

コーヒーがほしいです。

ウォー　ヤオ　カーフェイ
Wǒ　yào　kāfēi
我　要　咖啡。
私は　ほしい　コーヒーが

基本文型 … 我＋要＋〜。（〜がほしいです。）

「ほしい（必要だ）」を表す動詞は"要"です。こうした一般動詞は主語の次に置かれ、「主語＋動詞＋目的語」の語順となります。否定文にしたい場合には動詞の前に"不"をつけ、"我 不 要 〜"とします。

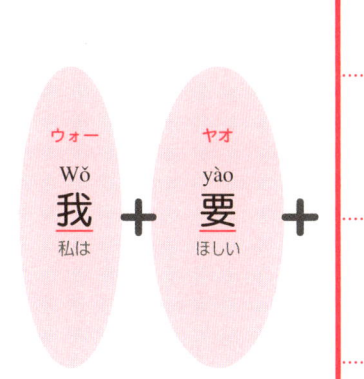

ウォー　　　ヤオ
Wǒ　　＋　yào　　＋
我　　　　　要
私は　　　　ほしい

チアオクーリー
qiǎokèlì
巧克力。
チョコレートが

→ チョコレートがほしいです。

チンダオ　ピージウ
Qīngdǎo　píjiǔ
青岛　啤酒。
青島　ビールが

→ 青島ビールがほしいです。

ツァイダン
càidān
菜单。
メニューが

→ メニューがほしいです。

イェンホイガン
yānhuīgāng
烟灰缸。
灰皿が

→ 灰皿がほしいです。

入れ替え★単語

チュー ベイジン ダ ピアオ
qù Běijīng de piào
去北京的票
行く 北京に の 切符
北京行きの切符

ジンイェン ズオウェイ
jìnyān zuòwèi
禁烟座位
禁煙の 座席
禁煙席

フレーズ 11

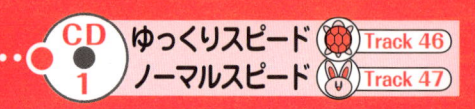

CD1 ゆっくりスピード Track 46
ノーマルスピード Track 47

ちょっと待ってください。

チン　　ドン　　イーシア
Qǐng　děng　yíxià
请　等　一下。
～してください　待つ　ちょっと

基本文型…　请＋～。（～してください。）

"请"は英語の"please"と同じです。相手に何かをお願いするときに使う語で、"请"の後にしてほしいことを表す動詞句を続ければ、相手にお願いを伝えられます。

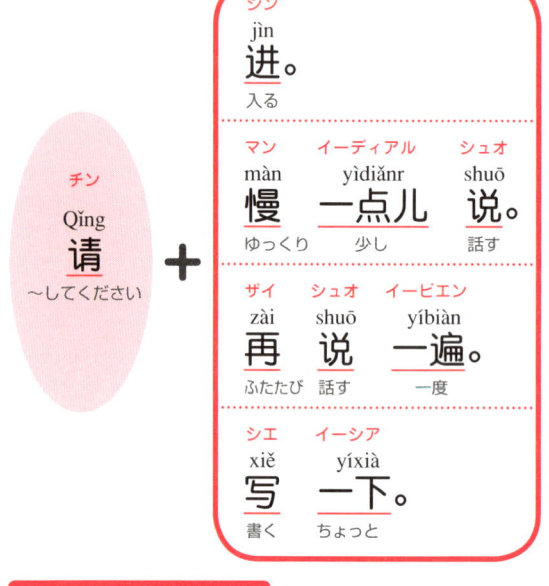

チン
Qǐng
请
～してください

＋

ジン
jìn
进。
入る
→ お入りください。

マン　　イーディアル　シュオ
màn　yìdiǎnr　shuō
慢　一点儿　说。
ゆっくり　少し　話す
→ もう少しゆっくり話してください。

ザイ　シュオ　イービエン
zài　shuō　yíbiàn
再　说　一遍。
ふたたび　話す　一度
→ もう一度言ってください。

シエ　　イーシア
xiě　yíxià
写　一下。
書く　ちょっと
→ ちょっと書いてください。

入れ替え★単語

ホワ　ディートゥー
huà　dìtú
画 地图
描く　地図を
地図を描いて

ダー　ディエンホワ
dǎ diànhuà
打 电话
する　電話を
電話をして

フレーズ 12

CD 1　ゆっくりスピード Track 48
　　　ノーマルスピード Track 49

（私に）お勘定をしてください。

チン　　ゲイ　　ウォー　　ジエジャン
Qǐng　gěi　 wǒ　　jiézhàng
请　 给　 我　 结帐。
〜してください　〜に　　私　　勘定する

基本文型 … 请＋给＋我＋〜。((私に)〜してください。)

ここの"给"は対象を導く語です。"给"の後には、いろいろなことばを入れることができ、「给＋A（対象）＋〜（動詞）」で「Aに〜する」ですが、ここでは"请 给 我 〜"の使い方を覚えましょう。

パート3　超基本入れ替えフレーズ

チン　　　　　　ゲイ　　　　　ウォー
Qǐng　　　　　 gěi　　　　　 wǒ
请　＋　**给**　＋　**我**　＋
〜してください　〜に　　　　　私

ホワン　　チエン
huàn　　qián
换　　钱。
換える　お金を
（私に）両替してください。

ホワン　　フオ
huàn　　huò
换　　货。
交換する　品物を
（私に）品物の交換をしてください。

バオジュワン
bāozhuāng
包装。
包装する
（私に）包装してください。

ガイビエン　　ユーディン
gǎibiàn　　yùdìng
改变　　预订。
変更する　予約を
（私に）予約の変更をしてください。

入れ替え★単語

ジエシャオ　ニー　ダ　ミンズ
jièshào　nǐ　de　míngzi
介绍　你　的　名字
紹介する　あなたの　名前を
あなたの名前を教えて

カン　イーシア
kàn　yíxià
看　一下
見る　ちょっと
ちょっと見せて

復習問題②

1 次の簡体字をなぞって練習してから、書いてみましょう。

① 買う ⇨ (mǎi 买) ⇨ (　　　)

② 書く ⇨ (xiě 写) ⇨ (　　　)

③ 電話 ⇨ (diànhuà 电话) ⇨ (　　　)

④ ホテル ⇨ (fàndiàn 饭店) ⇨ (　　　)

⑤ お金 ⇨ (qián 钱) ⇨ (　　　)

2 日本語の意味に合わせ、□に1文字ずつ適当な中国語を入れましょう。

①私はコーヒーがほしいです。

我 □ 咖啡。

②これは誰の飲み物ですか？

这是谁 □ 饮料?

③ちょっと待ってください。

请等 □ □ 。

解答と解説

1

①买
"买"の冠の部分は「ワ」ではなく「フ」のような形です。

②写
"写"の横棒は突き抜けません。

③电话
"电"は上が出ます。言偏(ごんべん)の略し方も覚えましょう。ともに使用頻度が高いです。

④饭店
"饭"の食偏(しょくへん)の2画めは筆の返りがあり、旁(つくり)の1画めは左にはらいます。

⑤钱
金偏(かねへん)の略し方は食偏と似ているので注意。"钱"の旁の横棒は2本です。

2

①要　　Wǒ yào kāfēi
　　　　　我 要 咖啡。

②的　　Zhè shì shéi de yǐnliào
　　　　　这 是 谁 的 饮料?

"谁"は疑問詞なので、文末に"吗"は不要です。

③一下　Qǐng děng yíxià
　　　　　请 等 一下。

軽く動作をする場合は、動詞句の後に"一下"を使います。

復習問題②

3 日本語を参考に、(　)内の語を正しい順序に並べかえましょう。

①全部でいくらですか？　（钱 ／ 一共 ／ 多少 ／ ？）

②これはあなたのものですか？（是 ／ 你 ／ 这 ／ 吗 ／ 的 ／ ？）

③私に電話をしてください。（电话 ／ 给 ／ 请 ／ 打 ／ 我 ／ 。）

4 CDを聴いて、中国語を書き取りましょう。
□の中には1文字ずつ中国語が入ります。

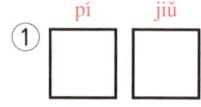

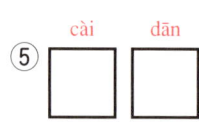

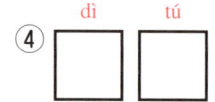

① pí jiǔ □□　　② jiè shào □□

③ péng you □□　　④ dì tú □□

⑤ cài dān □□

解答と解説

3
① Yígòng duōshao qián
一共 多少 钱?

② Zhè shì nǐ de ma
这 是 你 的 吗?

"你的"だけで「あなたの（もの）」という名詞の意味になります。

③ Qǐng gěi wǒ dǎ diànhuà
请 给 我 打 电话。

"打电话"という動詞句の前に"给我（私に）"という対象の方向を入れます。

4
① pí jiǔ
啤 酒（ビール）

表記にはありませんが、"jiǔ"の発音には小さな"o"が聞こえます。

② jiè shào
介 绍（紹介する）

日本語とは文字の順序が逆になる単語です。

③ péng you
朋 友（友だち）

「ポン」と聞こえますが、ピンイン表記は"péng"となります。

④ dì tú
地 图（地図）

"图"の形と、"t"の音が有気音で破裂するように発音されていることに注意。

⑤ cài dān
菜 单（メニュー）

子音"c"は英語の"ts"のように発音されます。

なりきり ミニ会話 ②

CD1　ゆっくりスピード　Track 51
　　　ノーマルスピード　Track 52

1

ジョー　シー　シェイ
Zhè　shì　shéi
这 是 谁？

これは誰ですか？

あなた　　張さん

ター　シー　ホンガーシン
Tā　shì　hónggēxīng
他 是 红歌星。

彼は人気歌手です。

※红：人気のある　歌星：スター歌手

2

ウォー　ヤオ　ティーシューシャン
Wǒ yào T xùshān
我 要 T 恤衫。

私はTシャツが
ほしいです。

ジェイ　ジエン　ドゥオシャオ　チエン
Zhèi jiàn duōshao qián
这 件 多少 钱？

これはいくらですか？

あなた　　店員

チン　ニー　カン　ジョーシエ
Qǐng nǐ kàn zhèxiē
请 你 看 这些。

こちらをご覧ください。

アルシーウー　クワイ　イー　ジエン
Èrshíwǔ kuài yí jiàn
二十五 块 一 件。

1枚25元です。

※T恤衫：Tシャツ　这些：こちら、これら（複数）　块：元（貨幣単位）
　件：枚、着（衣類を数える量詞）

フレーズ 7〜12 で習った例文を使って、
なりきり会話をしよう。

3

ジョーシー ニー ダ ピーパオ マ
Zhè shì nǐ de píbāo ma
这是你的皮包吗?

これはあなたの
かばんですか?

あなた　張さん

ブーシー　ジョーシー ター ダ
Búshì　zhè shì tā de
不是，这是他的。

いいえ、これは彼のものです。

※皮包：かばん

4

チンズオ　　ニー チー シェンマ
Qǐng zuò　Nǐ chī shénme
请 坐。你 吃 什么?

おかけください。何を
召し上がりますか?

チン
Qǐng
请。

どうぞ。

店員　あなた

シエン ゲイ ウォー カン ツァイダン
Xiān gěi wǒ kàn càidān
先 给 我 看 菜单。

まずメニューを見せて
ください。

ウォー ヤオ　ピージウ
Wǒ yào　píjiǔ
我 要 啤酒。

ビールがほしいです。

※坐：座る　吃：食べる　先：まず、先に

パート3　超基本入れ替えフレーズ

フレーズ 13

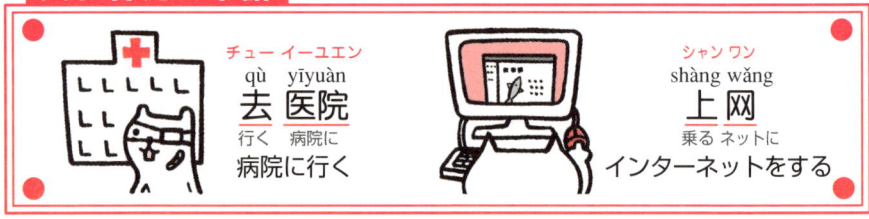

CD 1　ゆっくりスピード Track 53
　　　ノーマルスピード Track 54

出かけました。

チューチュー　ラ
Chūqù　le
出去　了。
出かける　終えた

> 基本文型　…　〜＋了。（〜しました。）

動作がすでに完了している場合は、文末に"了"をつけます。これは「過去に〜した」ではなく、「すでに済ませて、今は状態が変わった」という意味で使われることに注意しましょう。「〜し終えた・〜してしまった」の感覚です。

マイ　ドンシ
Mǎi　dōngxi
买　东西
買う　品物を　　　　　　買い物をしました。

チー　ウーファン
Chī　wǔfàn
吃　午饭　　　　　　　　ランチを食べました。
食べる　ランチを

　　　　　　　　　　　ラ
　　　　＋　　　le
　　　　　　　了。
　　　　　　　終えた

ファー　ディエンズー　ヨウジエン
Fā　diànzǐ　yóujiàn
发　电子　邮件　　　　　メールを送りました。
送る　電子　メールを

カン　ディエンシー
Kàn　diànshì
看　电视　　　　　　　　テレビを見ました。
見る　テレビを

> 入れ替え★単語

チュー　イーユエン
qù　yīyuàn
去　医院
行く　病院に
病院に行く

シャン　ワン
shàng wǎng
上　网
乗る　ネットに
インターネットをする

フレーズ 14

ゆっくりスピード Track 55
ノーマルスピード Track 56

市場へ行きます。

Dào shìchǎng qù
到 市场 去。
〜へ 市場 行く

基本文型 … 到 ＋ 〜 ＋ 去。（私は〜へ行きます。）

"到（〜へ）"のうしろには、向かっている（到着する）場所がきます。英語の"for"や"to"のようなものです。また、この"到"のような前置詞は、動詞よりも前にくることを覚えておきましょう。

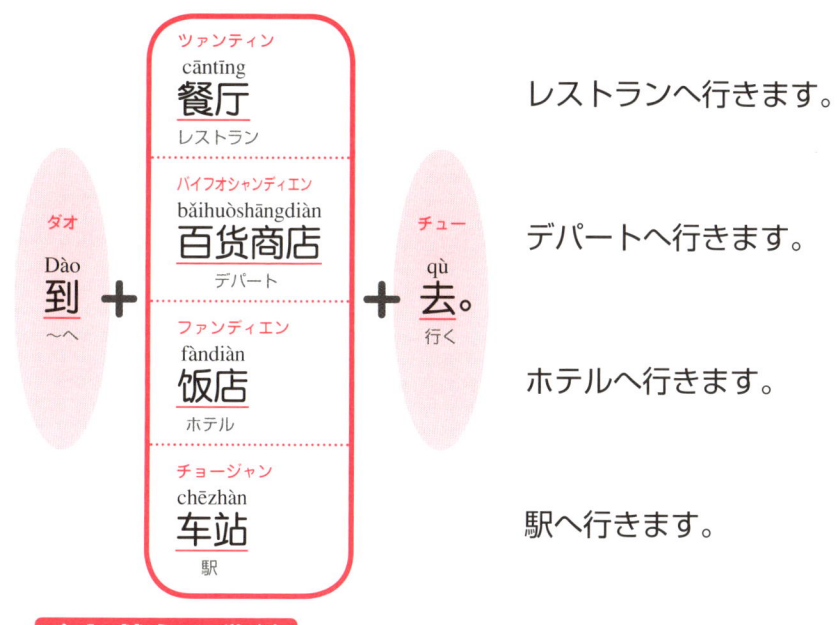

パート3 超基本入れ替えフレーズ

Dào + cāntīng 餐厅（レストラン）+ qù 去 → レストランへ行きます。

到 + bǎihuòshāngdiàn 百货商店（デパート）+ 去 → デパートへ行きます。

到 + fàndiàn 饭店（ホテル）+ 去 → ホテルへ行きます。

到 + chēzhàn 车站（駅）+ 去 → 駅へ行きます。

入れ替え★単語

miǎnshuìdiàn 免税店 — 免税店

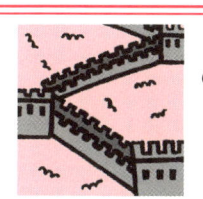

Chángchéng 长城 — 万里の長城

フレーズ 15

CD 1　ゆっくりスピード Track 57
　　　　ノーマルスピード Track 58

私は京劇を見たいです。

ウォー	シアン	カン	ジンジュー
Wǒ	xiǎng	kàn	Jīngjù
我	想	看	京剧。
私は	したい	見る	京劇を

基本文型 … 我＋想＋〜。（私は〜したいです。）

"想"は希望を表す助動詞です。動詞の前に置かれて、"想＋動詞（＋目的語）"「〜したいです」の意味になるので、英語の"want to"と同じようなものです。文末に"吗？"をつければ「〜したいですか？」になります。

ウォー　シアン
Wǒ　xiǎng
我 ＋ 想 ＋
私は　したい

チー	ユー	
chī	yú	魚を食べたいです。
吃	鱼。	
食べる	魚を	

フー	モーリホアチャー	
hē	mòlihuāchá	ジャスミン茶を飲みたいです。
喝	茉莉花茶。	
飲む	ジャスミン茶を	

チュー	グワングワン	
qù	guānguāng	観光に行きたいです。
去	观光。	
行く	観光に	

チュー	マイ	ドンシ	
qù	mǎi	dōngxi	買い物に行きたいです。
去	买	东西。	
行く	買う	品物を	

入れ替え★単語

ジエンポンヨウ
jiàn péngyou
见 朋友
会う 友だちに
友だちに会う

ティン　アルフーユエチュー
tīng　èrhúyuèqǔ
听 二胡乐曲
聴く 二胡の曲を
二胡の曲を聴く

フレーズ 16

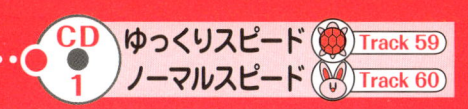

CD1　ゆっくりスピード Track 59　ノーマルスピード Track 60

私は家に帰りたくないです。

ウォー	ブーシアン	ホイ	ジア
Wǒ	bùxiǎng	huí	jiā
我	不想	回	家。
私は	したくない	帰る	家に

基本文型　…　我＋不＋想＋〜。（私は〜したくないです。）

「〜したくない」を表すときには、助動詞 "想" の前に否定語 "不" を置いて "不想" とします。"想" の後に "不" を置いてしまうと通じないので注意しましょう。

パート3　超基本入れ替えフレーズ

ウォー　Wǒ　我（私は）　＋　ブーシアン　bùxiǎng　不想（したくない）　＋

- リービエ　líbié　离别。（別れる）　別れたくないです。
- シウシ　xiūxi　休息。（休む）　休みたくないです。
- ドン　děng　等。（待つ）　待ちたくないです。
- ゾウ　zǒu　走。（歩く）　歩きたくないです。

入れ替え★単語

- ホア チエン　huā qián　花钱（費やすお金を）　お金をつかう
- チー ファン　chī fàn　吃饭（食べるご飯を）　ご飯を食べる

フレーズ 17

CD 1　ゆっくりスピード Track 61
　　　ノーマルスピード Track 62

私は音楽を聴いています。

ウォー	ジョンザイ	ティン	インユエ
Wǒ	zhèngzài	tīng	yīnyuè
我	正在	听	音乐。
私は	〜している	聴く	音楽を

基本文型 … 我 + 正在 + 〜。(私は〜しています。)

「〜している」と言いたいときには、"我 正在 〜"と言います。"在""正"だけの形でも使われます。"正在"は、英語の"〜ing"のようなもので「動作が進行している」ときの表現です。

ウォー　　ジョンザイ
Wǒ　　　zhèngzài
我　＋　正在　＋
私は　　〜している

バオ	ジアオズ	
bāo	jiǎozi。	餃子を作っています。
包	饺子。	
包む	餃子を	

シュエシー	ハンユー	
xuéxí	Hànyǔ。	中国語を勉強しています。
学习	汉语。	
勉強する	中国語を	

カン	ディエンシー	
kàn	diànshì。	テレビを見ています。
看	电视。	
見る	テレビを	

ダー	ディエンホア	
dǎ	diànhuà。	電話をしています（電話中です）。
打	电话。	
する	電話を	

入れ替え★単語

ゴンズオ
gōngzuò
工作
仕事をする

シーザオ
xǐzǎo
洗澡
入浴する

フレーズ 18

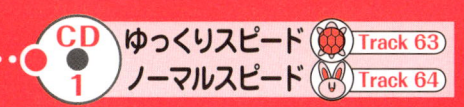

CD 1　ゆっくりスピード Track 63
　　　ノーマルスピード Track 64

コーヒーを飲みますか、それとも紅茶を飲みますか？

喝	咖啡，	还是	喝	红茶？
フー	カーフェイ	ハイシ	フー	ホンチャー
Hē	kāfēi	háishi	hē	hóngchá
飲む	コーヒーを	それとも	飲む	紅茶を

基本文型 … ～，＋还是＋○○？（～ですか、それとも○○ですか？）

"A，还是 B"は、「Aですか、それともBですか？」と、二者択一を求める疑問文です。この形で尋ねる場合には、文末に"吗？"は不要です。"还是"は英語の"or"に近い語です。

パート3　超基本入れ替えフレーズ

カン ディエンイン	＋还是＋ ハイシ háishi あるいは	カン ジンジュー	
Kàn diànyǐng 看 电影， 見る 映画を		kàn Jīngjù 看 京剧？ 見る 京劇を	映画を見ますか、それとも京劇を見ますか？
チー ジョングオツァイ Chī Zhōngguócài 吃 中国菜， 食べる 中国料理を		チー リーベンツァイ chī Rìběncài 吃 日本菜？ 食べる 日本料理を	中国料理を食べますか、それとも日本料理を食べますか？
シーホワン ジェイガ Xǐhuan zhèige 喜欢 这个， 好む これを		シーホワン ネイガ xǐhuan nèige 喜欢 那个？ 好む あれを	これが好きですか、それともあれが好きですか？
シーホワン ミエンティアオ Xǐhuan miàntiáo 喜欢 面条， 好む めん類を		シーホワン ミーファン xǐhuan mǐfàn 喜欢 米饭？ 好む ご飯を	めん類が好きですか、それともご飯が好きですか？

入れ替え★単語

ヨウヨン
yóuyǒng
游泳
泳ぐ

ディアオユー
diàoyú
钓鱼
釣りをする

復習問題③

1 次の簡体字をなぞって練習してから、書いてみましょう。

① 魚　　　⇨　（ yú 鱼 ）⇨　（　　　　）

② 駅　　　⇨　（ chēzhàn 车站 ）⇨　（　　　　）

③ 音楽　　⇨　（ yīnyuè 音乐 ）⇨　（　　　　）

④ 好む　　⇨　（ xǐhuan 喜欢 ）⇨　（　　　　）

⑤ 中国語　⇨　（ Hànyǔ 汉语 ）⇨　（　　　　）

2 日本語を参考に、（　）内の語を正しい順序に並べかえましょう。

① 私は別れたくないです。　　（想／我／离别／不／。）

② 彼はメールを送りました。　（发／他／邮件／了／电子／。）

③ あなたはテレビを見ていますか？（电视／正在／吗／看／你／？）

解答と解説

1 ①<u>鱼</u>

"<u>鱼</u>"の下は、横棒1本で書きます。

②车站

"车"の形が少々複雑なので注意しましょう。

③音乐

"乐"は、「音楽」のときは"yuè"、「楽しい」という意味のときは"lè"と発音します。

④喜欢

"歓"の偏は"又"になります。同様の略し方："観"→"观"

⑤汉语

"漢"の旁(つくり)の部分も"又"とします。同様の略し方："難"→"难"

2
Wǒ bù xiǎng líbié
①我 不 想 离别。

Tā fā diànzǐ yóujiàn le
②他 发 电子 邮件 了。

Nǐ zhèngzài kàn diànshì ma
③你 正在 看 电视 吗?

復習問題③

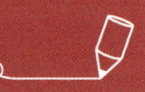

3 日本語を参考に、次の中国語の間違いを正しましょう。

①你 喝 咖啡，或者 喝 红茶？（コーヒーを飲みますか、それとも紅茶を飲みますか？）

②我 想 不 去 观光。　　　（私は観光に行きたくありません。）

③我 到 去 市场。　　　　（私は市場へ行きます。）

4 CDを聴いて、中国語を書き取りましょう。
□の中には1文字ずつ中国語が入ります。

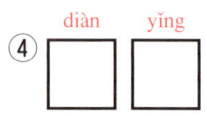

① tīng □

② xiū xi □ □

③ chū qù □ □

④ diàn yǐng □ □

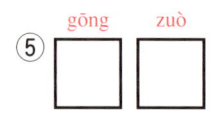

⑤ gōng zuò □ □

解答と解説

3
① Nǐ hē kāfēi, háishi hē hóngchá
你 喝 咖啡，还是 喝 红茶？

"或者"は肯定文での「〜あるいは…」の意味で、疑問文で「それとも」という選択を表す場合は"还是"を用います。

② Wǒ bùxiǎng qù guānguāng
我 不想 去 观光。

③ Wǒ dào shìchǎng qù
我 到 市场 去。

4
① tīng
听 （聞く）

高いところで保つ1声です。"i"に声調符号をつけるときは、上の点を取ります。

② xiū xi
休 息 （休む）

2文字めの"xi"は軽声で発音されています。

③ chū qù
出 去 （出かける）

口の形の切り替えが難しい単語です。自分でも口に出して練習してみましょう。

④ diàn yǐng
电 影 （映画）

1文字めの4声の下がった位置から、2文字めの3声が始まっています。

⑤ gōng zuò
工 作 （仕事をする）

下がる4声を耳では認識していながら2声と書いてしまう人が多いので、注意しましょう。

なりきりミニ会話③

CD1 ゆっくりスピード Track 66
ノーマルスピード Track 67

1

Nǐ zhèngzài zuò shénme
你正在做什么？
何をしているんですか？

Wǒ zài tīng yīnyuè
我在听音乐。
音楽を聴いています。

あなた　張さん

※做：する

2

Nǐ xiǎng dào Zhōngguó qù ma
你想到中国去吗？
あなたは中国に行きたいですか？

Xiǎng qù
想去。
行きたいです。

Xiǎng qù shénme dìfang
想去什么地方？
どんなところに行きたいですか？

張さん　あなた

Wǒ xiǎng qù Chángchéng
我想去长城。
万里の長城に行きたいです。

※地方：場所、ところ

フレーズ13〜18で習った例文を使って、
なりきり会話をしよう。

3

ウォーメンチューチーザオファンバ
Wǒmen qù chī zǎofàn ba
我们 去 吃 早饭 吧。

朝ご飯を食べに行きましょう。

ウォー ブーシアン チー
Wǒ bùxiǎng chī
我 不想 吃。

食欲がありません。

あなた　張さん

※早饭：朝食　　吧：「〜しよう」という語気助詞

4

ニー ザイ ズオ シェンマ
Nǐ zài zuò shénme
你 在 做 什么?

何をしているのですか？

ウォー ザイ シュエシー ハンユー
Wǒ zài xuéxí Hànyǔ
我 在 学习 汉语。

中国語を勉強しているところです。

ハンユー ナン　　ハイシ ロンイー
Hànyǔ nán　háishi róngyì
汉语 难，还是 容易?

中国語は難しいですか、それともやさしいですか？

張さん　あなた

ビージアオ ロンイー
Bǐjiào róngyì
比较 容易。

比較的やさしいです。

※难：難しい　　容易：やさしい　　比较：比較的、わりあい

パート3　超基本入れ替えフレーズ

コラム 中国の外来語

　中国語は、外来語でも漢字で表します。表意文字のため、外来語を取り入れるのには苦労しているようですが、実際には主要なメディアや新聞社が研究し、策定しているそうです。広告などを見ながら外来語の持つ意味を想像してみるのも、クイズを解くようで楽しいものですね。

　外来語を作る方法には、次のものがあります。

＊漢字の発音をあてはめたもの

サンミンジー 三明治	サンドイッチ	ガオアルフー 高尔夫	ゴルフ
シアンボー 香波	シャンプー	シャーファー 沙发	ソファ

＊漢字の意味をあてはめたもの

ダーフオジー 打火机	ライター	ズーチウ 足球	サッカー
ジーチレン 机器人	ロボット	チャオジーシーチャン 超级市场	スーパーマーケット

＊漢字とアルファベットを混在させたもの

カーラーオーケー 卡拉OK	カラオケ	ティーシューシャン T恤衫	Tシャツ

＊漢字の発音に意味を付け加えたもの

ディースーニーラーユエン 迪斯尼乐园	ディズニーランド	ビーサービン 比萨饼	ピザ
シンヨンカー 信用卡	クレジットカード	ハンバオバオ 汉堡包	ハンバーガー

パート4

基本入れ替えフレーズ

パート3と同様、主語や動詞を入れ替えて基本フレーズの練習をしながら、たくさんの単語を覚えましょう。ゆっくりスピードで発音のコツをつかんだら、ノーマルスピードでスラスラと話せるように復習してみましょう。

フレーズ 19

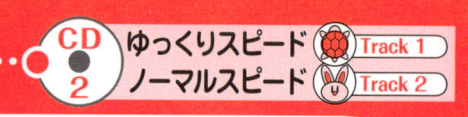

からいですか？

<u>辣</u> <u>吗</u>?
Là ma
ラー マ
からい か

基本文型 〜（形容詞）＋吗？（〜ですか？）

形容詞を用いて、状態や状況を尋ねる表現です。主語が明らかな場合には、主語を省略して"〜（形容詞）＋吗？"と尋ねます。形容詞の構文は「主語＋形容詞」ですが、ここではその主語を省略して疑問文にしています。

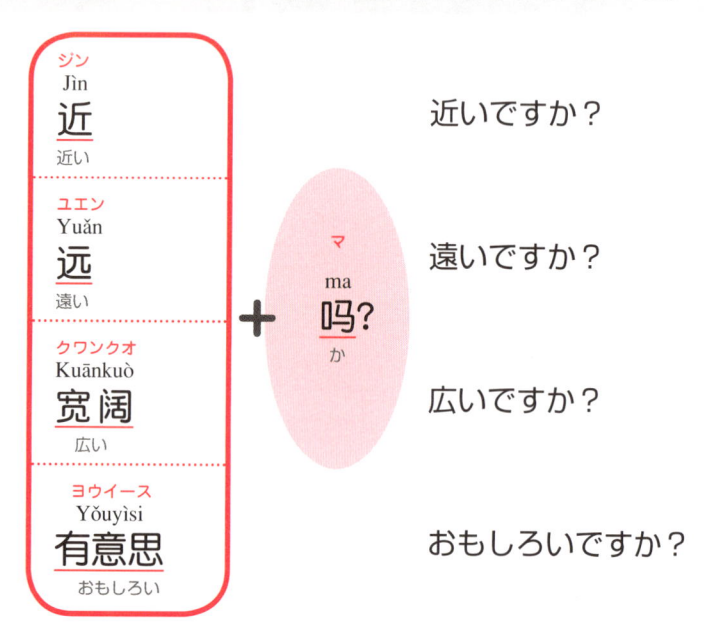

近 Jìn ジン（近い）	近いですか？
远 Yuǎn ユエン（遠い）	遠いですか？
宽阔 Kuānkuò クワンクオ（広い）	広いですか？
有意思 Yǒuyìsi ヨウイース（おもしろい）	おもしろいですか？

＋ 吗？ ma マ か

入れ替え★単語

可爱 kě'ài クーアイ　かわいい

贵 guì グイ　（金額が）高い

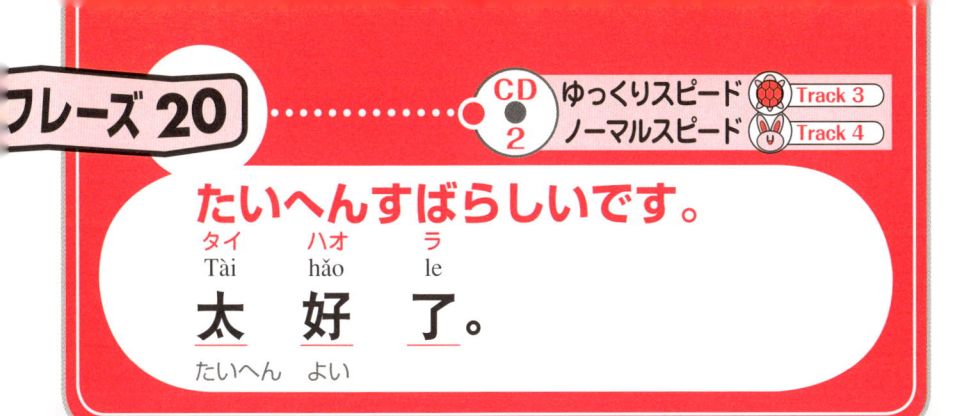

フレーズ 20

CD 2　ゆっくりスピード Track 3　ノーマルスピード Track 4

たいへんすばらしいです。

タイ　ハオ　ラ
Tài　hǎo　le
太　好　了。
たいへん　よい

基本文型 … 太＋〜（形容詞）＋了。（たいへん〜です。）

"太＋〜＋了"は、形容詞を強調する言い方で「たいへん〜です」を表します。日本語の「〜すぎる」に近い感覚ですが、ほめる場合とあきれる場合の両方に用いられます。ここの"了"は完了の意味ではなく、前の"太"と組み合わせて、程度が限度を超えていることを表します。

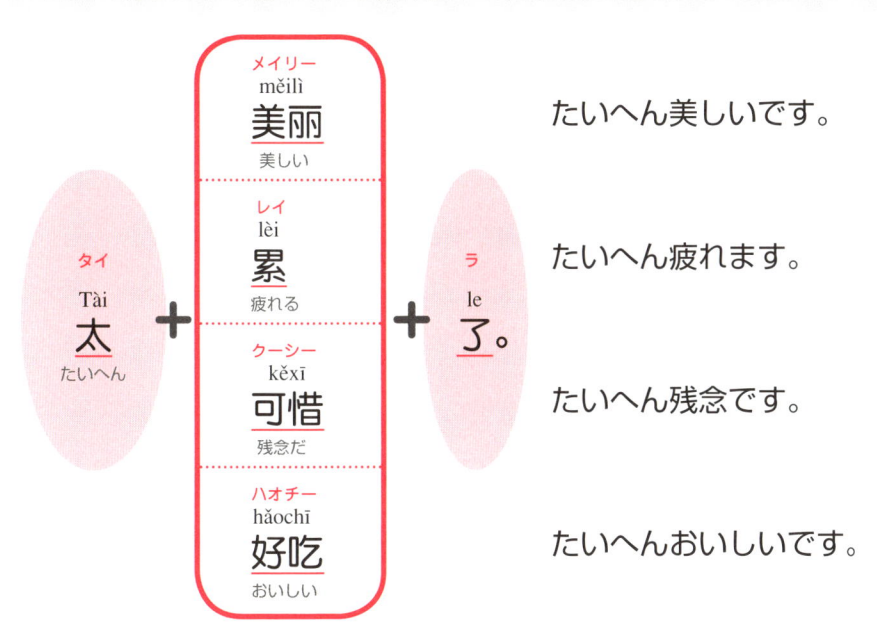

タイ
Tài
太
たいへん

＋

メイリー
měilì
美丽
美しい

レイ
lèi
累
疲れる

クーシー
kěxī
可惜
残念だ

ハオチー
hǎochī
好吃
おいしい

＋

ラ
le
了。

たいへん美しいです。

たいへん疲れます。

たいへん残念です。

たいへんおいしいです。

入れ替え★単語

ドゥオ　／　シャオ
duō　／　shǎo
多　／　少
多い　／　少ない

ラー　／　ティエン
là　／　tián
辣　／　甜
からい　／　甘い

パート4　基本入れ替えフレーズ

フレーズ 21

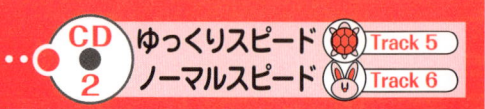

私はうれしいです。

ウォー　ヘン　ガオシン
Wǒ　hěn　gāoxìng
我　很　高兴。
私は　とても　うれしい

基本文型 … 我＋很＋〜（形容詞）。（私は〜です。）

感情表現を覚えましょう。フレーズ19で述べたように、形容詞の構文は「主語＋形容詞」で、英語のbe動詞にあたる"是"は不要です。"很"は直訳すれば「とても」ですが、フレーズ20の"太"ほど強いものではなく、その意味はかなり薄くなっています。

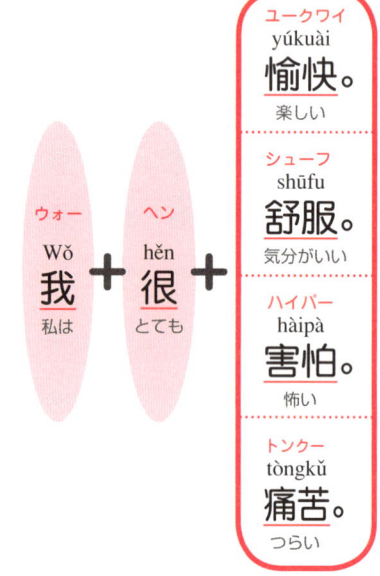

ウォー　　ヘン
Wǒ　＋　hěn　＋
我　　　很
私は　　とても

ユークワイ
yúkuài
愉快。　　私は楽しいです。
楽しい

シューフ
shūfu
舒服。　　私は気分がいいです。
気分がいい

ハイパー
hàipà
害怕。　　私は怖いです。
怖い

トンクー
tòngkǔ
痛苦。　　私はつらいです。
つらい

入れ替え★単語

ジーモー
jìmò
寂寞
さびしい

クン
kùn
困
眠い

フレーズ 22

CD 2 ゆっくりスピード Track 7
ノーマルスピード Track 8

あなたは中国料理が好きですか？

ニー	シーホワン	ジョングオ ツァイ	マ
Nǐ	xǐhuan	Zhōngguócài	ma
你	喜欢	中国菜	吗？
あなたは	好む	中国料理を	か

基本文型 … 你＋喜欢＋〜＋吗？（あなたは〜が好きですか？）

会話をしていると好みについて話す機会が増えるでしょうから、"喜欢"の言い方を覚えましょう。後に続く名詞や動詞をたくさん覚えておくと会話の幅が広がります。

パート4 基本入れ替えフレーズ

ニー Nǐ 你 あなたは ＋ シーホワン xǐhuan 喜欢 好む ＋

- リューヨウ lǚyóu 旅游 旅行を → あなたは旅行が好きですか？
- カン kàn 看 見る　ディエンイン diànyǐng 电影 映画を → あなたは映画を見るのが好きですか？
- アンモー ànmó 按摩 マッサージを → あなたはマッサージが好きですか？
- リーベンツァイ Rìběncài 日本菜 日本料理を → あなたは日本料理が好きですか？

＋ マ ma 吗？ か

入れ替え★単語

- カーラーオーケー kǎlāOK 卡拉OK カラオケ
- シオンマオ xióngmāo 熊猫 パンダ

フレーズ 23

CD 2　ゆっくりスピード Track 9
　　　ノーマルスピード Track 10

私はジャスミン茶が好きです。

ウォー　シーホワン　モーリホアチャー
Wǒ　xǐhuan　mòlihuāchá
我　喜欢　茉莉花茶。
私は　好む　ジャスミン茶を

基本文型　我 ＋ 喜欢 ＋ 〜。（私は〜が好きです。）

"喜欢"で自分の好みや趣味を表すのは会話の定番といえるでしょう。食事の場などではとくによく使われますから、料理名や飲み物の名前なども一緒に覚えて、会話の幅を広げましょう。

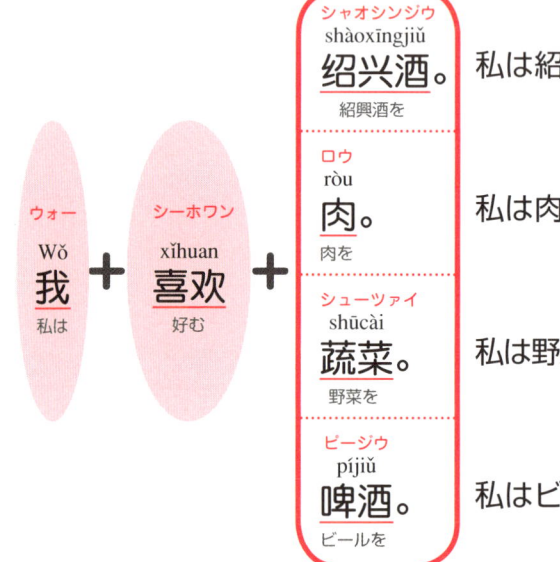

ウォー　　シーホワン
Wǒ　　　xǐhuan
我 ＋ 喜欢 ＋
私は　　　好む

シャオシンジウ
shàoxīngjiǔ
绍兴酒。　私は紹興酒が好きです。
紹興酒を

ロウ
ròu
肉。　私は肉が好きです。
肉を

シューツァイ
shūcài
蔬菜。　私は野菜が好きです。
野菜を

ピージウ
píjiǔ
啤酒。　私はビールが好きです。
ビールを

入れ替え★単語

ティエン　ダ
tián　de
甜的
甘い　〜のもの
甘いもの

スワン　ダ
suān　de
酸的
すっぱい　〜のもの
すっぱいもの

フレーズ 24

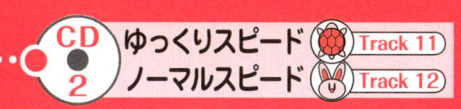

CD 2 ゆっくりスピード Track 11
ノーマルスピード Track 12

空席はありますか？

ヨウ	メイヨウ	コンウェイ
Yǒu	méiyǒu	kòngwèi
有	没有	空位?
持っている	持っていない	空席を

基本文型 ･･･ 有＋没有＋～？（～はありますか？）

"有（持っている）"の否定は"没有（持っていない）"です。疑問文は"有～吗？"でもいいのですが、肯定と否定を組み合わせた"有没有～？"の形がよく用いられます。

ヨウ　　　　　メイヨウ
Yǒu　　　＋　méi yǒu　＋
有　　　　　没有
持っている　　持っていない

クワンチュエンシュイ
kuàngquánshuǐ
矿泉水?
ミネラルウォーターを
→ ミネラルウォーターはありますか？

ジンイェン ズオウェイ
jìnyān zuòwèi
禁烟座位?
禁煙席を
→ 禁煙席はありますか？

チーパオ
qípáo
旗袍?
チャイナドレスを
→ チャイナドレスはありますか？

ビエ　　ダ　　イェンスー
bié　　de　　yánsè
别　　的　　颜色?
他　　の　　色を
→ 他の色はありますか？

入れ替え★単語

マオタイジウ
máotáijiǔ
茅台酒
まおたいしゅ
茅台酒

ホイ　シュオ　リーユー　ダ　レン
huì　shuō　Rìyǔ　de　rén
会　说　日语　的　人
できる　話す　日本語を　の　人
日本語を話せる人

パート 4　基本入れ替えフレーズ

復習問題④

1 次の簡体字をなぞって練習してから、書いてみましょう。

①遠い　　⇨　（ 远 yuǎn ）⇨（　　　）

②からい　⇨　（ 辣 là ）⇨（　　　）

③美しい　⇨　（ 美丽 měilì ）⇨（　　　）

④うれしい⇨　（ 高兴 gāoxìng ）⇨（　　　）

⑤旅行　　⇨　（ 旅游 lǚyóu ）⇨（　　　）

2 日本語の意味に合わせ、□に1文字ずつ適当な中国語を入れましょう。

①ワインはありますか？

有 □ 有 葡萄酒？　　※**葡萄酒**：ワイン

②私はカラオケが好きです。

我 □ □ 卡拉OK。

③とても多いです。（多すぎます。）

太 □ 了。

解答と解説

1

①远

同様の略し方をしたものに"园 yuán（園）"があります。

②辣

書くときには意外と忘れてしまいやすい文字です。偏の7画目「辣」は左のほうに払います。

③美丽

"丽"は"麗"の上だけを用いた簡体字です。

④高兴

"兴"は"興"の簡体字であることを覚えておきましょう。

⑤旅游

"旅"の旁（つくり）の部分は日本語の"旅"と少しだけ違います。"游"は"遊"の簡体字ですが、日本語のような「しんにょう」ではなく「さんずい」です。

2

①没　　Yǒu　méiyǒu　pútaojiǔ
　　　　有　没有　葡萄酒？

「肯定＋否定」の形の疑問文です。このような場合は文末の"吗"は不要です。

②喜欢　Wǒ xǐhuan　kǎlā OK
　　　　我 喜欢　卡拉 OK。

③多　　Tài duō le
　　　　太 多 了。

"太＋形容詞＋了"で「たいへん〜です」「〜すぎる」という、程度がはなはだしいことを表します。

復習問題④

3 次の中国語を日本語に直しましょう。

① Wǒ hěn kùn
我 很 困。

② Nǐ xǐhuan shénme cài
你 喜欢 什么 菜？

③ Nǐ xǐhuan buxǐhuan Zhōngguó
你 喜欢 不喜欢 中国？

4 CDを聴いて、中国語を書き取りましょう。
□の中には1文字ずつ中国語が入ります。

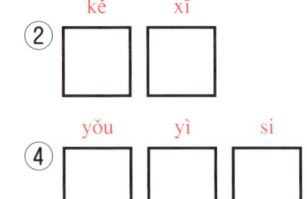

① yú kuài　　② kě xī

③ Rì yǔ　　④ yǒu yì si

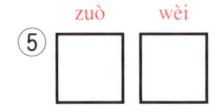

⑤ zuò wèi

解答と解説

3 ①私は眠い。

「主語＋形容詞」の形。"很（とても）"は、普通はそれほど強い意味を持ちません。

②あなたはどんな料理が好きですか？

"什么"は「どんな、何の」の意味。疑問詞を用いているので、文末の"吗"は不要です。

③あなたは中国が好きですか？

「肯定＋否定」の形の反復疑問文です。

4 ① yú kuài
愉 快（楽しい）

"yú"を正しく聴き取り、自分でも発音できるように練習しましょう。

② kě xī
可 惜（残念だ）

"kě"は「有気音"k"＋あいまいな形の母音"e"＋3声」です。

③ Rì yǔ
日 语（日本語）

"语 yǔ"は上記①の"愉 yú"が3声になったもの。これも口の形の切り替えが難しい単語です。

④ yǒu yì si
有 意 思（おもしろい）

意味は形容詞的ですが、形は「動詞＋目的語」です。否定形は"没有意思"。

⑤ zuò wèi
座 位（席）

「4声＋4声」のような同じ声調が重なるパターンも正しく聴き取りましょう。

なりきり ミニ会話 ④

CD2 ゆっくりスピード Track 14
ノーマルスピード Track 15

1

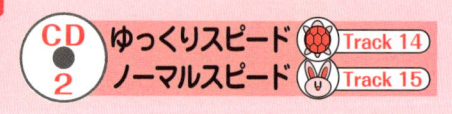

ハオチー マ
Hǎochī ma
好吃 吗?

おいしいですか？

あなた　張さん

フェイチャンハオチー
Fēicháng hǎochī
非常 好吃。

たいへんおいしいです。

非常：たいへん、非常に

2

ニー シーホワン シェンマ
Nǐ xǐhuan shénme
你 喜欢 什么?

あなたは何が好きですか？

ウォー シーホワン ユー
Wǒ xǐhuan yú
我 喜欢 鱼。

私は魚が好きです。

あなた　張さん

ニー シーホワン ロウ マ
Nǐ xǐhuan ròu ma
你 喜欢 肉 吗?

肉は好きですか？

ブー シーホワン
bùxǐhuan
不喜欢。

好きではありません。

フレーズ 19 〜 24 で習った例文を使って、
なりきり会話をしよう。

3

ニーシーホワンマーボードウフマ
Nǐ xǐhuan mápódòufu ma
你 喜欢 麻婆豆腐 吗?

あなたは麻婆豆腐が
好きですか?

ウォーブーシーホワン ラー ダ
Wǒ bùxǐhuan là de
我 不喜欢 辣 的。

私はからいものは好きで
はありません。

あなた　　張さん

4

ヨウ メイヨウ チーパオ
Yǒu méiyǒu qípáo
有 没有 旗袍?

チャイナドレスはあ
りますか?

ヨウ　　スーバイクワイ イージエン
Yǒu Sìbǎikuài yíjiàn
有。四百块 一件。

はい。1着400元です。

タイ グイ ラ
Tài guì le
太 贵 了。

高すぎます。

あなた　　店員

ウォーメンメイヨウビエ ダ
Wǒmen méiyǒu bié de
我们 没有 别 的。

ほかのものはありません。

パート4 基本入れ替えフレーズ

フレーズ 25

CD 2　ゆっくりスピード Track 16
　　　ノーマルスピード Track 17

トイレはどこですか？

ツースオ	ザイ	ナール
Cèsuǒ	zài	nǎr
厕所	在	哪儿？
トイレは	ある	どこに

基本文型 〜＋在＋哪儿？（〜はどこですか？）

人や物が主語になった場合、"在"で「〜がある／いる」となり、存在することを表します。また"在"の後には場所を表す語が置かれ、場所がわからない場合は、疑問詞"哪儿"を使って質問します。

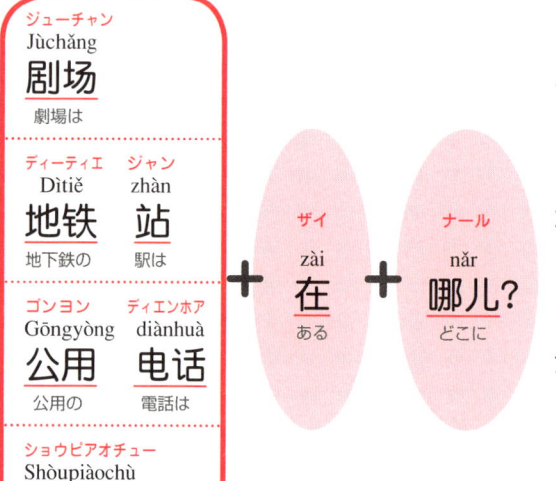

| ジューチャン Jùchǎng 剧场 劇場は | | ＋ | ザイ zài 在 ある | ＋ | ナール nǎr 哪儿？ どこに | 劇場はどこですか？ |

ディーティエ Dìtiě 地铁 地下鉄の　ジャン zhàn 站 駅は
→ 地下鉄の駅はどこですか？

ゴンヨン Gōngyòng 公用 公用の　ディエンホア diànhuà 电话 電話は
→ 公衆電話はどこですか？

ショウピアオチュー Shòupiàochù 售票处 切符売り場は
→ 切符売り場はどこですか？

入れ替え★単語

フークワンチュー　fùkuǎnchù　付款处　レジ

チーチョージャン　qìchēzhàn　汽车站　バス停

フレーズ 26

CD 2　ゆっくりスピード Track 18　ノーマルスピード Track 19

右側にあります。

ザイ　ヨウビエン
Zài　yòubian
在　右边。
ある　右側に

基本文型 在＋〜。（〜にあります。）

フレーズ25の"〜 在 哪儿?（〜はどこですか？）"に対して答えるときのパターンが、"在 〜（〜にあります）。"です。"在"のうしろには場所を表すことばを置き、省いてもわかるようなら、主語も必要ありません。

パート4　基本入れ替えフレーズ

ザイ
Zài
在
ある

＋

ズオビエン
zuǒbian
左边。
左側に
→ 左側にあります。

ナール
nàr
那儿。
あそこに
→ あそこにあります。

ロウシャン
lóushàng
楼上。
上の階に
→ 上の階にあります。

ロウシア
lóuxià
楼下。
下の階に
→ 下の階にあります。

入れ替え★単語

ゾンフーウータイ　ダ　ヨウビエン
zǒngfúwùtái　de　yòubian
总服务台 的 右边
フロント　の　右側
フロントの右側

メンコウ　ダ　パンビエン
ménkǒu　de　pángbiān
门口 的 旁边
入口　の　横
入口の横

フレーズ 27

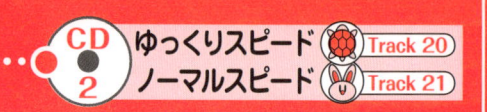

いつ出発しますか？

什么时候 (シェンマシーホウ / Shénmeshíhou) いつ
出发? (チューファー / chūfā) 出発する

基本文型… 什么 ＋ 时候 ＋ 〜？（いつ〜しますか？）

「いつ」を尋ねる場合は、疑問詞"什么时候"を用います。動作を行う「時」を表す語は、必ず動詞句よりも前に置かれます。疑問文だけでなく、肯定文の場合でも同じです。具体的に「何時に」と聞きたいときは、"几点（jǐdiǎn）〜？"となります。

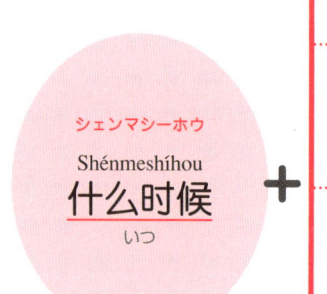

什么时候 (シェンマシーホウ / Shénmeshíhou) いつ ＋

- **开始?** (カイシー / kāishǐ) 始まる — いつ始まりますか？
- **开?** (カイ / kāi) 開く — いつ開きますか？
- **关?** (グワン / guān) 閉まる — いつ閉まりますか？
- **吃饭?** (チー ファン / chī fàn) 食べる／ご飯 — いつ食事にしますか？

入れ替え★単語

- **碰头** (ポントウ / pèngtóu) 待ち合わせる 
- **结束** (ジエシュー / jiéshù) 終わる

フレーズ 28

CD 2 / ゆっくりスピード Track 22 / ノーマルスピード Track 23

10時に出発します。

十点 (シーディエン Shídiǎn) 10時に　**出发。** (チューファー chūfā) 出発する

基本文型　…「時」を表す言葉）＋〜。（いつ〜します。）

フレーズ 27 で学んだ "什么时候 〜?" "几点 〜?" に対する答えのパターンです。すでに説明したとおり、動作の「時」を表す語は動詞句よりも前にきます。英語の感覚で "出发十点。" のようにしてしまう人が多いので注意しましょう。

下午 (シアウー Xiàwǔ) 午後　**一点** (イーディエン yīdiǎn) 1時に	＋ **出发。** (チューファー chūfā) 出発する	午後1時に出発します。
二十号 (アルシーハオ Èrshíhào) 20日に		20日に出発します。
今天 (ジンティエン Jīntiān) 今日		今日出発します。
明天 (ミンティエン Míngtiān) 明日		明日出発します。

入れ替え★単語

早上 (ザオシャン zǎoshang) 朝

晚上 (ワンシャン wǎnshang) 夜

パート4　基本入れ替えフレーズ

フレーズ 29

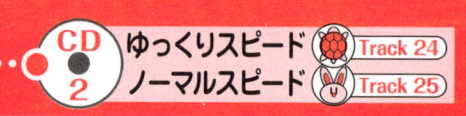

CD2 ゆっくりスピード Track 24
ノーマルスピード Track 25

兄弟はいません。

メイヨウ　　　シオンディー
Méiyǒu　　　 xiōngdì
没有　　　　 兄弟。
持っていない　兄弟を

基本文型　没有＋〜。（〜はありません。）

"有"の否定が"没有"であることはフレーズ24で説明したとおりですが、目的語が物なら「ある（持っている）」、人であれば「いる」となります。主語なしでも状況から判断できます。

メイヨウ
Méiyǒu
没有
持っていない

＋

トークワイ　ピアオ
tèkuài　piào
特快　票。
特急　券を

→ 特急券はありません。

チャーズ
chāzi
叉子。
フォークを

→ フォークはありません。

リューチャー
lǜchá
绿茶。
緑茶を

→ 緑茶はありません。

ファンイ
fānyì
翻译。
通訳を

→ 通訳はいません。

入れ替え★単語

チョンジー
chéngzhī
橙汁
オレンジジュース

ドゥイシアン
duìxiàng
对象
恋人

フレーズ 30

CD2 ゆっくりスピード Track 26
ノーマルスピード Track 27

これはどうですか？

ジェイガ　ゼンマヤン
Zhèige　zěnmeyàng
这个　怎么样？
これは　どうですか

基本文型 … 〜＋怎么样？（〜はどうですか？）

英語の"How about?"に似た表現で、提案したり意向を聞いたりするときに用います。"怎么样"の前には名詞、動詞どちらも置くことができます。ひと言で相手の意見を尋ねられる、便利な表現です。

ゴンズオ Gōngzuò **工作** 仕事は	仕事はどうですか？
ティエンチー Tiānqì **天气** 天気は	天気はどうですか？
ジェイベイ Zhèibēi **这杯** この ／ チャー chá **茶** お茶は	このお茶はどうですか？
イーチー Yìqǐ **一起** 一緒に ／ チー chī **吃** 食べる ／ ファン fàn **饭** ご飯を	一緒にお食事いかがですか？

＋ ゼンマヤン zěnmeyàng **怎么样？** どうですか

パート4　基本入れ替えフレーズ

入れ替え★単語

ホウティエン hòutiān **后天** 明後日

シェンティー shēntǐ **身体** からだの調子

復習問題⑤

1 次の簡体字をなぞって練習してから、書いてみましょう。

① 通訳　　　⇨　（ 翻译 fānyì ）⇨　（　　　　）

② 始まる　　⇨　（ 开始 kāishǐ ）⇨　（　　　　）

③ 右側　　　⇨　（ 右边 yòubian ）⇨　（　　　　）

④ 天気　　　⇨　（ 天气 tiānqì ）⇨　（　　　　）

⑤ どうですか⇨　（ 怎么样 zěnmeyàng ）⇨　（　　　　）

2 （　）の中から正しいものを選び、○で囲みましょう。

① あなたたちは何時に終わりますか？
　你们（多少 ・ 几）点　结束？

② レジはどこにありますか？
　付款处（有 ・ 在）哪儿？

③ 今日の天気はどうですか？
　今天　天气　（怎么样 ・ 什么）？

解答と解説

1

①翻译

"译"は偏と旁（つくり）の両方が略されます。

②开始

"开"は"開"の中身だけを採用した簡体字です。

③右边

"边"は日本語の"辺"とは違って"力"になります。

④天气

"天"の横棒は下が長くなります。"气"は気の中身の「メ」を書きません。

⑤怎么样

3文字とも見慣れない字なので注意しましょう。"样"は"様"の簡体字です。

2

①几　　　Nǐmen jǐdiǎn jiéshù
　　　　　你们　几点　结束?

数の多いものは"多少"、少ないものは"几"で聞きます。

②在　　　Fùkuǎnchù zài　nǎr
　　　　　付款处　在　哪儿?

③怎么样　Jīntiān tiānqì zěnmeyàng
　　　　　今天　天气　怎么样?

復習問題⑤

3 日本語の意味に合わせ、□に1文字ずつ適当な中国語を入れましょう。

①ホテルの横にあります。

☐☐ 饭店 的 旁边。

②緑茶はありません。

没 ☐ 绿茶。

③あなたはいつ中国に行きますか？

你 什么 ☐☐ 去 中国?

4 CDを聴いて、中国語を書き取りましょう。□の中には1文字ずつ中国語が入ります。

① chā zi ☐☐

② dì tiě ☐☐

③ lóu xià ☐☐

④ fān yì ☐☐

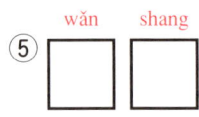

⑤ wǎn shang ☐☐

解答と解説

3

①在　　　Zài fàndiàn　de pángbiān
　　　在 饭店 的 旁边。

"在＋～（場所）"の形を覚えましょう。

②有　　Méiyǒu lǜchá
　　　没有 绿茶。

目的語が物ですから、「持っていない」の意味になります。

③时候　Nǐ shénmeshíhou qù Zhōngguó
　　　你 什么时候 去 中国?

"時"が"时"と略されることに注意しましょう。

4

① chā zi
叉 子（フォーク）

接尾語に"子"のつく名詞は多く、このような場合は"zi"と軽声で読みます。

② dì tiě
地 铁（地下鉄）

無気音の"d"と有気音の"t"が両方出てくる単語です。比較して聴いてみましょう。

③ lóu xià
楼 下（下の階）

"下 xià"と"上 shàng"を聴き間違える人が意外と多いので、注意しましょう。

④ fān yì
翻 译（通訳）

職業名だけでなく、「通訳（する）」「翻訳（する）」という意味にも用いられます。

⑤ wǎn shang
晚 上（夜）

"晚上 wǎnshang"や"早上 zǎoshang"の"上 shang"は軽声で発音します。

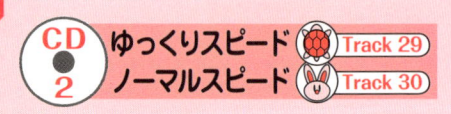

なりきり ミニ会話⑤

CD2 ゆっくりスピード Track 29
ノーマルスピード Track 30

1

<small>ミンティエン ジーディエン ゾウ</small>
Míngtiān jǐdiǎn zǒu
明天 几点 走?

明日、何時に行きますか？

<small>ザオシャン バーディエン ゾウ</small>
Zǎoshang bādiǎn zǒu
早上 八点 走。

朝の8時に行きます。

あなた　張さん

※走：行く

2

<small>マオタイジウ ザイ ナール</small>
Máotáijiǔ zài nǎr
茅台酒 在 哪儿?

茅台酒はどこにありますか？

<small>メイヨウ マオタイジウ</small>
Méiyǒu máotáijiǔ
没有 茅台酒。

茅台酒はありません。

<small>シャオシンジウ ナ</small>
Shàoxīngjiǔ ne
绍兴酒 呢?

紹興酒は？

あなた　店員

<small>ザイ ジョール</small>
Zài zhèr
在 这儿。

ここにあります。

※呢：〜は？（話題を変える場合に文末につける）

フレーズ25〜30で習った例文を使って、
なりきり会話をしよう。

3

ジェイ ジエン ティーシューシャン ゼンマヤン
Zhèijiàn T xùshān zěnmeyàng
这件 T恤衫 怎么样?

このTシャツはどうですか?

あなた　張さん

タイ ダー ラ
Tài dà le
太大了。

大きすぎます。

※大：大きい

4

ウォー シアン チュー イェーシー
Wǒ xiǎng qù yèshì
我 想 去 夜市。

私は夜店に行きたいです。

クーイー
Kěyǐ
可以。

いいですよ。

あなた　張さん

シェンマ シーホウ ヨウ シージエン
Shénmeshíhou yǒu shíjiān
什么时候 有 时间?

いつ時間がありますか?

ホウティエン ゼンマヤン
Hòutiān zěnmeyàng
后天 怎么样?

明後日はどうですか?

※夜市：夜店　　可以：許可や了承を表す「よい、できる」(フレーズ35参照)
　时间：時間　　后天：明後日

パート4　基本入れ替えフレーズ

フレーズ 31

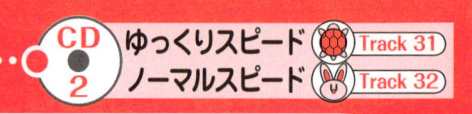

どちらがおいしいですか？

ネイガ　　ハオチー
Něige　　hǎochī
哪个　　好吃？
どちらが　　おいしい

基本文型 … 哪个 + ～？（どちらが～ですか？）

英語の疑問詞"Which（どちら）"にあたるものは"哪个"です。いくつかある中から一つだけ選ぶよう尋ねるわけですから、二つに一つであれば「どちら」、多数から選ぶ場合には「どれ」と訳せます。

ネイガ
Něige
哪个
どちらが

＋

ピエンイ
piányi
便宜？
安い
　→　どちらが安いですか？

フーシー
héshì
合适？
似合う
　→　どちらが似合っていますか？

ズイ　ハオ
zuì　hǎo
最　好？
もっとも　よい
　→　どれがいちばんいいですか？

ジーリアン　ハオ
zhìliàng　hǎo
质量　好？
品質　よい
　→　どの品質がいいですか？

入れ替え★単語

リウシン
liúxíng
流行
流行している

ズイクワイ
zuì kuài
最快
いちばん速い

フレーズ 32

CD2 ゆっくりスピード Track 33
ノーマルスピード Track 34

どのように読みますか？

ゼンマ　　ニエン
Zěnme　niàn
怎么　念？
どのように　読む

基本文型 … 怎么＋〜？（どのように〜しますか？）

"怎么"は英語の"How"のように手段や方法を尋ねる疑問詞で、動詞の前に置かれます。読めない文字を指さして上記のように言えば通じます。また、文頭に対象を持ってくることでさらに伝わりやすくなります。

（ネイガ）（ディーファン） Nèige dìfang （**那个 地方**） （その）（場所は）		ゾウ zǒu **走？** 行く |（そこへは）どのように行きますか？
（ゴンヨン）（ディエンホア） Gōngyòng diànhuà （**公用 电话**） （公用の）（電話は）	ゼンマ zěnme **怎么** どのように	ダー dǎ **打？** かける |（公衆電話は）どのようにかけますか？
（メンピアオ） Ménpiào （**门票**） （入場券は）	＋	マイ mǎi **买？** 買う |（入場券は）どのように買いますか？
（ジェイガ）（ジーチ） Zhèige jīqì （**这个 机器**） （この）（機械は）		ヨン yòng **用？** 使う |（この機械は）どのように使いますか？

入れ替え★単語

ディエン
diǎn
点
注文する

リエンシー
liánxì
联系
連絡する

パート4　基本入れ替えフレーズ

フレーズ 33

CD2 ゆっくりスピード Track 35
ノーマルスピード Track 36

なぜだめなのですか？

ウェイシェンマ ブー シン
Wèishénme bù xíng?
为什么 不 行?
なぜ ない よい

基本文型 … 为什么＋〜？（なぜ〜ですか？）

理由を聞く疑問詞は"为什么"で、"为什么＝ Why"になります。"为什么"の後には、動詞も形容詞も置くことができます。すでに完了した事柄に関して理由を尋ねることもできます。

ウェイシェンマ
Wèishénme
为什么
なぜ

＋

ションチー
shēngqì
生气?
怒る

なぜ怒っているのですか？

ガオシン
gāoxìng
高兴?
うれしい

なぜうれしいのですか？

ジョーマ シアン
zhème xiǎng
这么 想?
このように 思う

なぜこのように思うのですか？

ジャオジー
zháojí
着急?
急ぐ

なぜ急いでいるのですか？

入れ替え★単語

シーホワン / ブー シーホワン
xǐhuan / bù xǐhuan
喜欢 / 不 喜欢
好き / 嫌い

メイ ライ
méi lái
没 来
来なかった

フレーズ 34

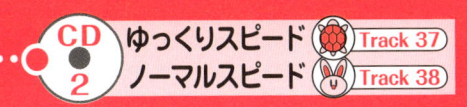

CD 2 ゆっくりスピード Track 37
ノーマルスピード Track 38

もうすぐ着きます。

クワイヤオ ダオ ラ
Kuàiyào dào le
快要 到 了。
もうすぐ〜する 着く

＊"快要〜了"で「もうすぐ〜する」という意味

基本文型 … 快要＋〜＋了。（もうすぐ〜します。）

近い未来を表すことばです。"快要 〜 了"のほかに、"要 〜 了"や"快 〜 了"とも言えます。「〜」には動詞を入れることも、将来の「時」を表す語句（名詞）を入れることもできます。

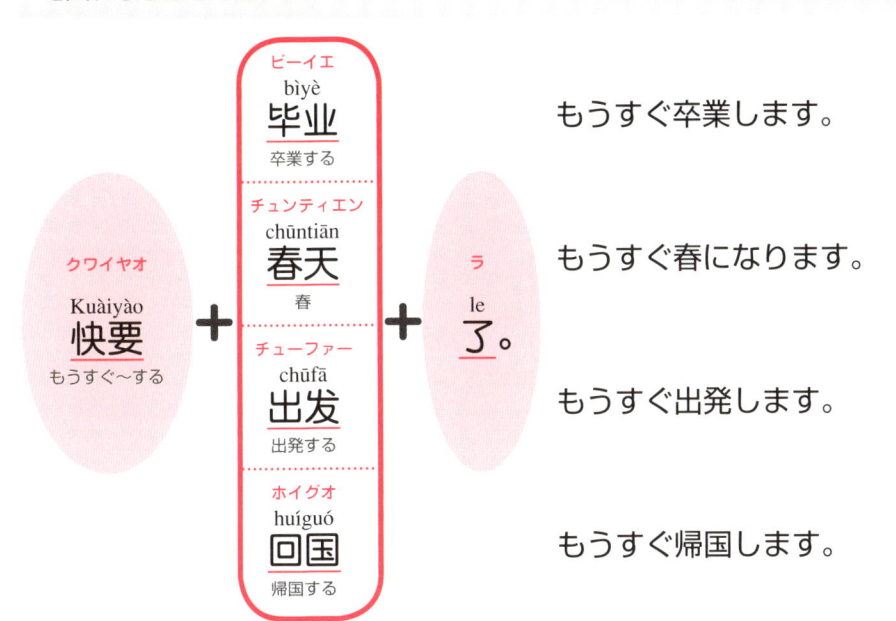

クワイヤオ
Kuàiyào
快要
もうすぐ〜する

＋

ビーイエ
bìyè
毕业
卒業する

チュンティエン
chūntiān
春天
春

チューファー
chūfā
出发
出発する

ホイグオ
huíguó
回国
帰国する

＋

ラ
le
了。

もうすぐ卒業します。

もうすぐ春になります。

もうすぐ出発します。

もうすぐ帰国します。

入れ替え★単語

ファンジア
fàngjià
放假
休暇（になる）

カイシー
kāishǐ
开始
始まる

パート4 基本入れ替えフレーズ

フレーズ 35

写真を撮ってもいいですか？

クーイー　パイジャオ　マ
Kěyǐ　pāizhào　ma
可以　拍照　吗？
～してもいい　写真を撮る　か

基本文型　可以 ＋ ～ ＋ 吗？（～してもいいですか？）

許可を表す助動詞「～できる」は"可以"を使います。ここではそれを疑問文にした「～してもいいですか？」を覚えましょう。また、否定の"不可以"は、「～してはいけません」と禁止を表します。

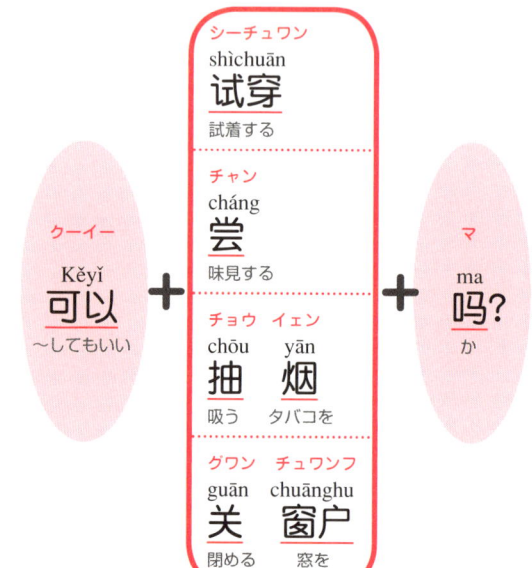

クーイー Kěyǐ 可以 ～してもいい	＋	シーチュワン shìchuān 试穿 試着する	＋	マ ma 吗？ か	試着してもいいですか？
		チャン cháng 尝 味見する			味見してもいいですか？
		チョウ　イェン chōu　yān 抽　烟 吸う　タバコを			タバコを吸ってもいいですか？
		グワン　チュワンフ guān　chuānghu 关　窗户 閉める　窓を			窓を閉めてもいいですか？

入れ替え★単語

ツァンジア
cānjiā
参加
参加する

ヨン　ツースオ
yòng　cèsuǒ
用　厕所
使う　トイレを
トイレを使う

フレーズ 36

CD 2　ゆっくりスピード Track 41
　　　ノーマルスピード Track 42

写真を撮ってくれませんか？

ゲイ	ウォー	パイジャオ	クーイー	マ
Gěi	wǒ	pāizhào	kěyǐ	ma
给	我	拍照，	可以	吗？
〜に	私	写真を撮る	いいです	か

基本文型 … 〜，可以 ＋ 吗？（〜してくれませんか？）

ある行為を提案し、その後に"可以吗？"をつければ「〜はよろしいですか？」、自分に対する行為であれば「〜してくれませんか？」とお願いをする言い方になります。フレーズ35よりもマイルドな表現です。

ジエ	イーシア	ショウジー		
Jiè	yíxià	shǒujī		携帯電話をちょっと貸してくれませんか？
借	一下	手机，		
借りる	ちょっと	携帯電話を		

ゲイ	ウォー	ダオヨウ	クーイー	マ
Gěi	wǒ	dǎoyóu	kěyǐ	ma
给	我	导游，	＋ 可以 ＋	吗？
〜に	私	案内する	いいです	か

案内してくれませんか？

ゲイ	ウォー	ナー	シンリ
Gěi	wǒ	ná	xíngli
给	我	拿	行李，
〜に	私	持つ	荷物を

荷物を持ってくれませんか？

シエ	イーシア
Xiě	yíxià
写	一下，
書く	ちょっと

ちょっと書いてくれませんか？

入れ替え★単語

カイ　メン	ジエシー　イーシア
kāi mén	jiěshì yíxià
开门	解释 一下
開けるドアを	説明する ちょっと
ドアを開ける	ちょっと教える

パート4　基本入れ替えフレーズ

復習問題⑥

1 次の簡体字をなぞって練習してから、書いてみましょう。

①似合う　⇨　(合适 héshì)　⇨　(　　　)

②機械　⇨　(机器 jīqì)　⇨　(　　　)

③急ぐ　⇨　(着急 zháojí)　⇨　(　　　)

④卒業する　⇨　(毕业 bìyè)　⇨　(　　　)

⑤タバコを吸う　⇨　(抽烟 chōuyān)　⇨　(　　　)

2 日本語の意味に合わせ、□に１文字ずつ適当な中国語を入れましょう。

①どちらが流行していますか？

□□ 流行?

②もうすぐ始まります。

快要　开始　□。

③このドアはどのように開けますか？

这个　门　□□　开?

解答と解説

1 ①合适

"适"は"適"の簡体字です。

②机器

"机"は「つくえ」ではなく"機"の簡体字。"器"の点を忘れないように注意しましょう。

③着急

"着"は日本語の"着"とは少し違います。活字を注意して見ましょう。

④毕业

"业"は"業"の上の部分だけを使った簡体字です。

⑤抽烟

"烟"は"煙"の簡体字で、タバコの意味です。

2 ①哪个　　Něige liúxíng
哪个 流行?

"哪个"は英語の"Which"に近い語です。語順は平叙文と同じです。

②了　　Kuài yào kāishǐ le
快 要 开始 了。

この"了"は完了の意味ではなく、"快要"と組みになったフレーズです。

③怎么　　Zhèige mén zěnme kāi
这个 门 怎么 开?

"怎么"は、英語の"How"を表します。

復習問題⑥

3 日本語を参考に、（　）内の語を正しい順序に並べかえましょう。

①窓を閉めてもいいですか？　　（关 ／ 吗 ／ 可以 ／ 窗户 ／ ？）

②この字はどのように読みますか？（怎么 ／ 这个 ／ 念 ／ 字 ／ ？）

③なぜこんなに急いでいるのですか？（为什么 ／ 着急 ／ 这么 ／ ？）

4 CDを聴いて、中国語を書き取りましょう。
□の中には１文字ずつ中国語が入ります。

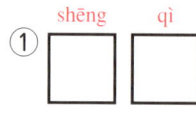

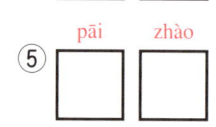

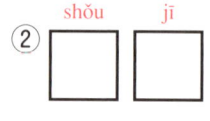

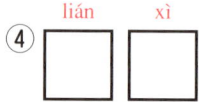

① shēng　qì

② shǒu　jī

③ zhì　liàng

④ lián　xì

⑤ pāi　zhào

解答と解説

3

①Kěyǐ guān chuānghu ma
可以 关 窗户 吗?

許可を表す助動詞"可以"を使った疑問文です。

②Zhèige zì zěnme niàn
这个 字 怎么 念?

"怎么（どのように）"の後の動詞を多く覚えておくと便利です。

③Wèishénme zhème zháojí
为什么 这么 着急?

"为什么"で理由を聞いて、述語は後に続きます。述語は動詞でも形容詞でも可。

4

①shēng qì
生 气（怒る）

「ション」と聴き取れますが、綴りは"shēng"です。

②shǒu jī
手 机（携帯電話）

"shǒu"の3声は低いところで抑えて、急に1声の高いところに移ります。

③zhì liàng
质 量（品質）

"zhì"の巻き舌音に注意しましょう。

④lián xì
联 系（連絡する）

2声＋4声です。これを4声＋2声にすると"练习 liànxí（練習する）"となります。

⑤pāi zhào
拍 照（写真を撮る）

この声調のリズムは、上記①の"shēngqì"と同じです。

パート4 基本入れ替えフレーズ

なりきりミニ会話⑥

CD2 ゆっくりスピード Track 44
ノーマルスピード Track 45

1

クワイチュンジエ ラ ヨウ ヘンドゥオ シー
Kuài chūnjié le yǒu hěn duō shì
快春节了,有很多事。

もうすぐ春節で、用事が多いんです。

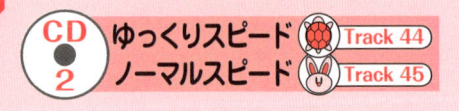

ニー ウェイシェンマ ジョーマ マン
Nǐ wèishénme zhème máng
你 为什么 这么 忙?

あなたはどうしてこんなに忙しいのですか？

あなた　張さん

※春节：旧正月。中国最大の祝日

2

ミンティエンヨウ ジウホイ
Míngtiān yǒu jiǔhuì
明天 有 酒会。

明日、飲み会があります。

ウォーイエ クーイー ツァンジア マ
Wǒ yě kěyǐ cānjiā ma
我 也 可以 参加 吗?

私も参加していいですか？

ダンラン クーイー
Dāngrán kěyǐ
当然 可以。

もちろん OK です。

張さん　あなた

シエシエ
Xièxie
谢谢。

ありがとう。

※酒会：飲み会　当然：もちろん、当然

フレーズ 31 〜 36 で習った例文を使って、
なりきり会話をしよう。

3

ジェイガ ディエンホア ゼンマ ダー
Zhèige diànhuà zěnme dǎ
这个 电话 怎么 打?

この電話はどのように
かけますか？

シエン ボー リン
Xiān bō líng
先 拨 零。

先に「0」ボタン
を押します。

あなた　従業員

※拨：（電話のボタンを）押す　零：0（ゼロ）

4

ウォー トゥイジエン ジョーシエ
Wǒ tuījiàn zhèxie
我 推荐 这些。

これらをおすすめします。

ネイガ　フーシー
Něige héshì
哪个 合适?

どれが似合って
いますか？

ジェイガ ズイ フーシー
Zhèige zuì héshì
这个 最 合适。

これがいちばん
似合っています。

店員　あなた

ナー　ウォー ヤオ ジェイガ
Nà wǒ yào zhèige
那，我 要 这个。

じゃあ、これに
します。

※推荐：すすめる

パート 4　基本入れ替えフレーズ

フレーズ 37

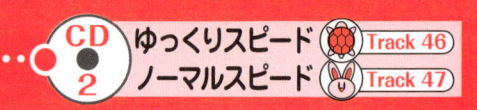

CD 2　ゆっくりスピード Track 46　ノーマルスピード Track 47

私は英語が話せます。

我	会	说	英语。
ウォー	ホイ	シュオ	インユー
Wǒ	huì	shuō	Yīngyǔ
私は	できる	話す	英語を

基本文型　我＋会＋〜。（〜ができます。）

「〜ができる」と可能であることを表すには"会（助動詞）＋〜（動詞）"を用います。"会"で表すのは練習や訓練の結果、習得したことを意味する「できる」です。なお、「できない」は"不会"となり、助動詞を否定します。

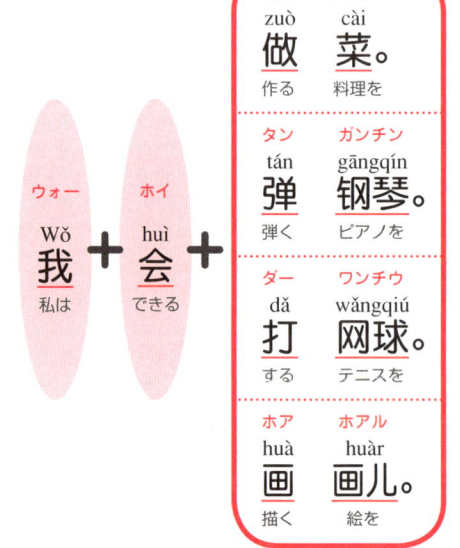

ウォー Wǒ 我 私は ＋ ホイ huì 会 できる ＋

- ズオ zuò 做 作る　ツァイ cài 菜。 料理を　→ 私は料理ができます。
- タン tán 弹 弾く　ガンチン gāngqín 钢琴。 ピアノを　→ 私はピアノを弾けます。
- ダー dǎ 打 する　ワンチウ wǎngqiú 网球。 テニスを　→ 私はテニスができます。
- ホア huà 画 描く　ホアル huàr 画儿。 絵を　→ 私は絵が描けます。

入れ替え★単語

- シュオファーユー shuō Fǎyǔ 说 法语　話す フランス語を　**フランス語を話す**
- シュオハンユー shuō Hànyǔ 说 汉语　話す 中国語を　**中国語を話す**

フレーズ 38

CD 2　ゆっくりスピード Track 48　ノーマルスピード Track 49

私は電車に乗らなければなりません。

ウォー　デイ　ズオ　ディエンチョー
Wǒ　děi　zuò　diànchē
我　得　坐　电车。
私は　〜しなければならない　乗る　電車に

基本文型 … 我＋得＋〜。（〜しなければなりません。）

「〜しなければならない」は、"得（助動詞）＋〜（動詞）"です。ただし、この表現の否定にあたる「〜しなくてもよい」は"不用 búyòng（ブーヨン）"を用います。"不得"という表現はありません。

ウォー　　　　　デイ
Wǒ　　　　　　děi
我　＋　**得**　＋
私は　　　〜しなければ
　　　　　　ならない

ホワン　ゴンゴンチーチョー
huàn　gōnggòngqìchē
换　公共汽车。 私はバスを乗り換えなければなりません。
換える　バスを

チューファー
chūfā
出发。 私は出発しなければなりません。
出発する

ユーディン
yùdìng
预订。 私は予約しなければなりません。
予約する

チューシアオ
qǔxiāo
取消。 私はキャンセルしなければなりません。
キャンセルする

入れ替え★単語

ジャオジー
zháojí
着急
急ぐ

ファー　ディエンズーヨウジエン
fā　diànzǐyóujiàn
发　电子邮件
発送する　メールを
メールをする

パート 4　基本入れ替えフレーズ

フレーズ39

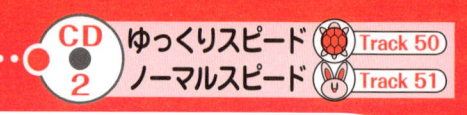

出かけましょう。

ウォーメン　チューチュー　バ
Wǒmen　chūqù　ba
（我们）　出去　吧。
（私たちは）　出かける　～しましょう

基本文型 （我们）＋～＋吧。（～しましょう。）

「～しましょう」と誘う場合は、文末に"吧"をつけて勧誘の語気を表します。語順などは平叙文と同じです。人を誘うときの主語はたいてい「私たち」ですから、主語はなくても通じます。

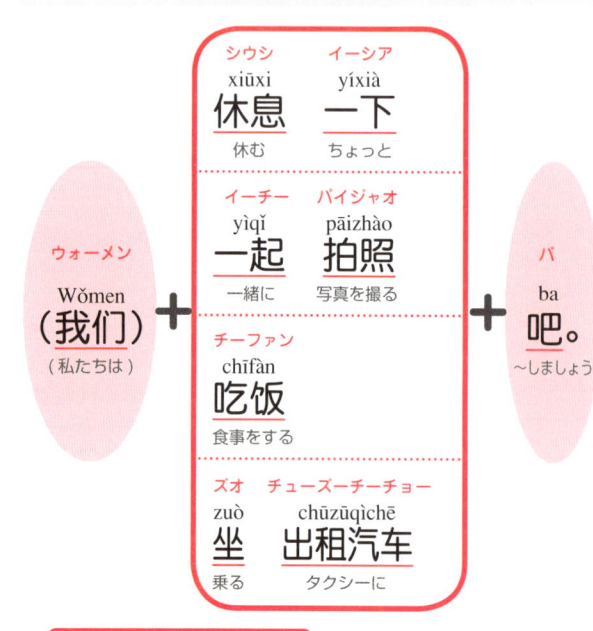

ウォーメン
Wǒmen
（我们）
（私たちは）

＋

シウシ	イーシア
xiūxi	yíxià
休息	一下
休む	ちょっと

イーチー	パイジャオ
yìqǐ	pāizhào
一起	拍照
一緒に	写真を撮る

チーファン
chīfàn
吃饭
食事をする

ズオ	チューズーチーチョー
zuò	chūzūqìchē
坐	出租汽车
乗る	タクシーに

＋

バ
ba
吧。
～しましょう

ちょっと休憩しましょう。

一緒に写真を撮りましょう。

食事をしましょう。

タクシーに乗りましょう。

入れ替え★単語

ゾウ　ジョ　チュー
zǒu　zhe　qù
走　着　去
歩く　～しながら　行く
歩いて行く

ホイファンディエン
huí　fàndiàn
回　饭店
帰る　ホテルに
ホテルに戻る

フレーズ 40

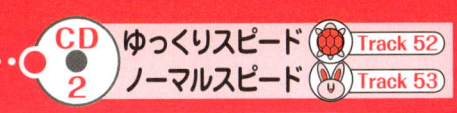

CD2 ゆっくりスピード Track 52 / ノーマルスピード Track 53

私は四川料理を食べたことがあります。

ウォー　チー　グオ　スーチュワンツァイ
Wǒ　chī　guo　Sìchuāncài
我　吃　过　四川菜。
私は　食べる　〜したことがある　四川料理を

基本文型　我＋〜＋过（…）。（(…を)〜したことがあります。）

「〜したことがある」と経験を表すときには、「〜（動詞）＋"过"」です。一方、「〜したことがない」は、"不"ではなく"没有"か"没"を用いて否定します。上記の文なら"我没(有)吃过四川菜。"となります。

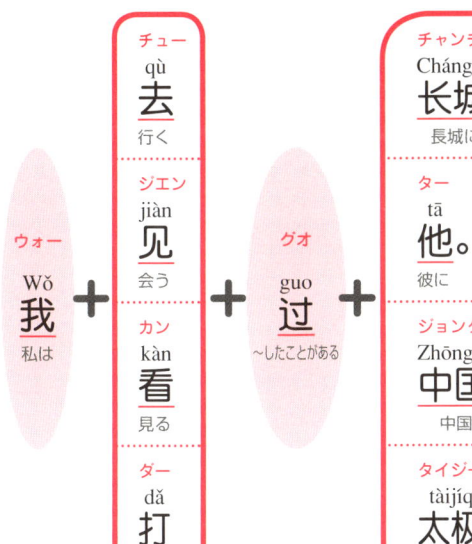

ウォー
Wǒ
我
私は

＋

チュー qù 去 行く	チャンチョン Chángchéng 长城。 長城に → 万里の長城に行ったことがあります。
ジエン jiàn 见 会う	ター tā 他。 彼に → 彼に会ったことがあります。
カン kàn 看 見る	ジョングオ ディエンイン Zhōngguó diànyǐng 中国 电影。 中国 映画を → 中国映画を見たことがあります。
ダー dǎ 打 する	タイジーチュエン tàijíquán 太极拳。 太極拳を → 太極拳をやったことがあります。

＋ グオ guo 过 〜したことがある ＋

パート4　基本入れ替えフレーズ

入れ替え★単語

チューグオ グオワイ リューシン
qùguo　guówài　lǚxíng
去过　国外　旅行
行ったことがある　国外の　旅行に
海外旅行に行ったことがある

ライグオ ジョール
láiguo　zhèr
来过　这儿
来たことがある　ここに
ここに来たことがある

フレーズ 41

CD2 ゆっくりスピード Track 54
ノーマルスピード Track 55

8時間寝ました。

シュイ　ラ　　バーガシアオシー
Shuì　le　　bāgexiǎoshí
睡　　了　　八个小时。
寝る　～した　8時間

基本文型 … ～＋了＋(回数・時間)。((何回／どれくらいのあいだ)～しました。)

動作の回数や時間を表す表現です。動詞句の直後にその回数や時間量を置きます。目的語がある場合は、さらにその後になります。フレーズ27・28で習った動作の時を表す語句の位置と混同しないようにしましょう。

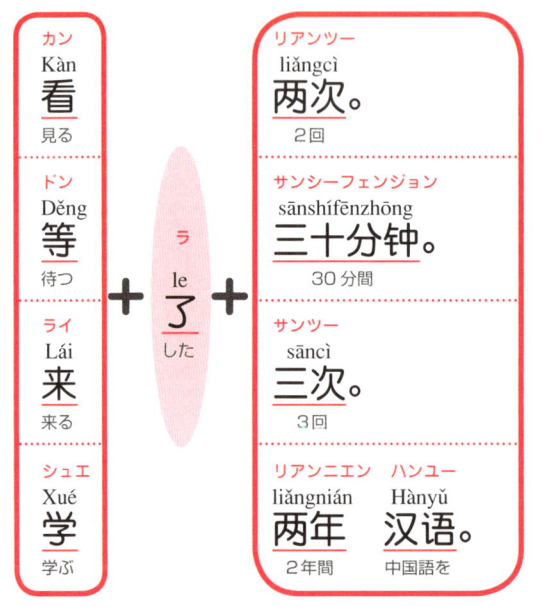

カン Kàn 看 見る		リアンツー liǎngcì 两次。 2回	2回見ました。
ドン Děng 等 待つ	＋ ラ le 了 した ＋	サンシーフェンジョン sānshífēnzhōng 三十分钟。 30分間	30分待ちました。
ライ Lái 来 来る		サンツー sāncì 三次。 3回	3回来ました。
シュエ Xué 学 学ぶ		リアンニエン　ハンユー liǎngnián　Hànyǔ 两年　汉语。 2年間　中国語を	2年間中国語を勉強しました。

入れ替え★単語

イーガ　シンチー
yíge　xīngqī
一个　星期
1週間

リウガ　ユエ
liùge　yuè
六个　月
6か月

フレーズ 42

CD2 ゆっくりスピード Track 56
ノーマルスピード Track 57

あなたは話すのが上手ですね。

ニー	シュオ	ダ	ヘンハオ
Nǐ	shuō	de	hěnhǎo
你	说	得	很好。
あなたは	話す	（補語）	うまい

基本文型 … 你＋〜＋得…。（（あなたは）〜するのが…ですね。）

「動詞＋補語"得"＋状態」は程度の表現で、相手の何かをほめたり自分の状況を説明したりするときに用います。この"得"の発音は、助動詞"得（děi）"のときとは違います。

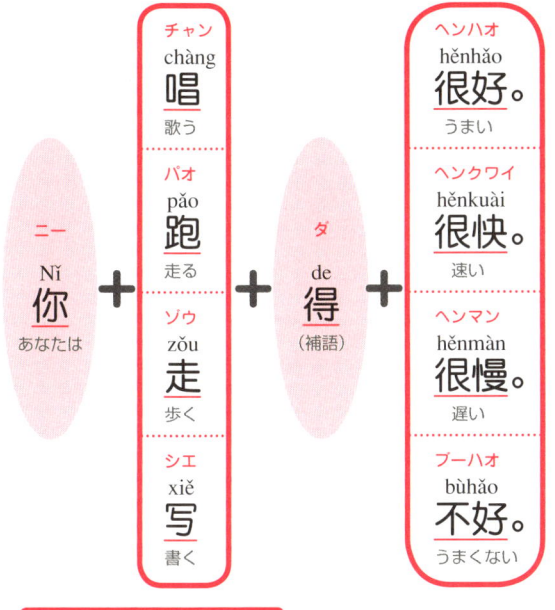

Nǐ 你（あなたは） ＋

- chàng 唱（歌う） ＋ de 得（補語） ＋ hěnhǎo 很好。（うまい） → あなたは歌うのが上手ですね。
- pǎo 跑（走る） ＋ de 得 ＋ hěnkuài 很快。（速い） → あなたは走るのが速いですね。
- zǒu 走（歩く） ＋ de 得 ＋ hěnmàn 很慢。（遅い） → あなたは歩くのが遅いですね。
- xiě 写（書く） ＋ de 得 ＋ bùhǎo 不好。（うまくない） → あなたは書くのが下手ですね。

入れ替え★単語

チー ダ タイドゥオラ
chī de tàiduōle
吃 得 太多了
食べる（補語） 多すぎる
食べすぎた

チー ダ ヘンザオ
qǐ de hěnzǎo
起 得 很早
起きる（補語） 早い
起きるのが早い

パート4 基本入れ替えフレーズ

復習問題⑦

1 次の簡体字をなぞって練習してから、書いてみましょう。

① 休む　　　⇨　（ 休息 xiūxi ）⇨ （　　　）

② テニス　　⇨　（ 网球 wǎngqiú ）⇨ （　　　）

③ 会ったことがある ⇨ （ 见过 jiànguo ）⇨ （　　　）

④ 走る　　　⇨　（ 跑 pǎo ）⇨ （　　　）

⑤ メール　　⇨　（ 电子邮件 diànzǐyóujiàn ）⇨ （　　　）

2 日本語の意味に合わせ、□に1文字ずつ適当な中国語を入れましょう。

① 一緒に食事をしましょう。

我们 一起 吃 饭 □。

② 私は中国語が話せます。

我 □ 说 汉语。

③ あなたは話すのが上手です。

你 说 □ 很 好。

解答と解説

1

①休息

休憩することだけでなく、店などを休業するときにも用います。

②网球

"网"は"網"の簡体字です。インターネットという意味もあります。

③见过

"见"の略し方は"贝"に似ています。"过"は"過"の簡体字です。

④跑

"包"の部分は日本語の"包"と違うので注意。中は"巳"とします。

⑤电子邮件

よく使う単語なので、書けて言えるようにしておきましょう。

2

①吧

Wǒmen yìqǐ chī fàn ba
我们 一起 吃 饭 吧。

相手を誘うときには語気助詞"吧"を使います。

②会

Wǒ huì shuō Hànyǔ
我 会 说 汉语。

練習や鍛錬の結果の「〜できる」を表す助動詞は"会"です。

③得

Nǐ shuō de hěn hǎo
你 说 得 很 好。

「動詞＋得＋程度」で実力や様子の程度を表現します。

パート4 基本入れ替えフレーズ

復習問題⑦

3 日本語を参考に、（　）内の語を正しい順序に並べかえましょう。

①私は太極拳をしたことがありません。（没／打／我／太極拳／过／。）

②中国映画を3回見ました。　　　　　（看／三次／电影／了／中国／。）

③私はホテルに戻らなければなりません。（我／回／得／饭店／。）

4 CDを聴いて、中国語を書き取りましょう。
□の中には1文字ずつ中国語が入ります。

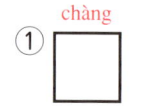

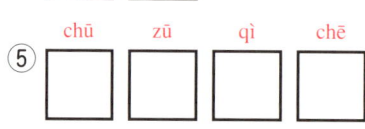

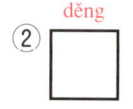

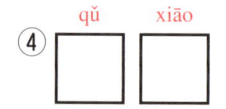

① chàng □

② děng □

③ yì □　qǐ □

④ qǔ □　xiāo □

⑤ chū □　zū □　qì □　chē □

解答と解説

3

① Wǒ méi dǎ guo tàijíquán
我 没 打 过 太极拳。

経験の否定は"没〜过"となります。

② Kàn le sāncì Zhōngguó diànyǐng
看 了 三次 中国 电影。

動詞の後に回数、その後に目的語が来る構文。数字をともなっているのでこのような場合の"了"は動詞の直後です。

③ Wǒ děi huí fàndiàn
我 得 回 饭店。

助動詞"得 děi"は、程度を表す"得 de"とは発音が違います。

4

① chàng
唱（歌う）

有気音の"ch"です。日本語の音読みで「う」で終わる語なので、最後は"ng"となります。

② děng
等（待つ）

「ドン」と聞こえますが、"děng"であることに注意しましょう。

③ yì qǐ
一 起（一緒に）

"日本 Rìběn""厕所 cèsuǒ""电影 diànyǐng"などと同じ声調の組み合わせです。

④ qǔ xiāo
取 消（キャンセルする）

"qǔ"の"u"は「イ」の口の形で「ウ」と発音する母音です。

⑤ chū zū qì chē
出 租 汽 车（タクシー）

"chū"から"zū"へも、発音の区別が難しい組み合わせなので何度も練習しましょう。

パート4 基本入れ替えフレーズ

なりきり ミニ会話 ⑦

CD2 ゆっくりスピード Track 59
ノーマルスピード Track 60

1

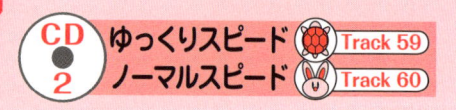

ニーホイシュオインユー マ
Nǐ huì shuō Yīngyǔ ma
你会说英语吗?

あなたは英語を話せますか？

張さん　あなた

ホイ　ダンシーシュオ ダ ブーハオ
Huì dànshì shuō de bùhǎo
会，但是说得不好。

できます。しかし上手ではないです。

※但是：しかし

2

ニー　ライグオ ジョングオ マ
Nǐ láiguo Zhōngguó ma
你来过中国吗?

あなたは中国に来たことがありますか？

ジョー　シー　ディーイーツー
Zhè shì dìyīcì
这是第一次。

これが初めてです。

張さん　あなた

ニー　ジョーツー ジュージーティエン
Nǐ zhècì zhù jǐtiān
你这次住几天?

あなたは今回、何日泊まりますか？

ウォージューウーティエン
Wǒ zhù wǔtiān
我住五天。

5日泊まります。

フレーズ 37 〜 42 で習った例文を使って、
なりきり会話をしよう。

3

デイ ズオ チョー マ
Děi zuò chē ma
得坐车吗?

車に乗らなければ
なりませんか？

ブー ヨン ズオ ゾウ ジョチュー バ
Bú yòng zuò zǒu zhe qù ba
不用坐，走着去吧。

乗らなくてもいいです。
歩いて行きましょう。

あなた　　張さん

4

チューカーラーオーケー バ
Qù kǎlāOK ba
去卡拉OK吧。

カラオケに
行きましょう。

ハオ ア
hǎo a
好啊。

いいですね。

ニーチャン ダ ハオ マ
Nǐ chàng de hǎo ma
你唱得好吗?

歌うのは上手ですか？

あなた　　張さん

ウォーチャン ダ ブー タイ ハオ
Wǒ chàng de bú tài hǎo
我唱得不太好。

歌うのはあまり上
手ではありません。

パート4 基本入れ替えフレーズ

コラム 料理を注文する

　中国人の"吃饭（食事）"〔チーファン〕は、人生の喜びの上位にあり、「互いに心を開いて語り合える場」とされています。食事に招待する側もされる側も、「楽しかった」「おいしかった」という気持ちが大切です。中国に行くと"想吃什么？（何が食べたいですか？）"〔シアン チー シェンマ〕と言われることがよくあります。もちろん"随便你们。（おまかせします。）"〔スイビエンニーメン〕でもいいのですが、できれば好みのものを自分で選んでみたいものです。

　料理の名前には、たいてい調理法・材料・形・味にかかわる単語を組み合わせて使っています。

調理法

チャオ 炒（炒める）	ジャー 炸（揚げる）
ジョン 蒸（蒸す）	ジュー 煮（煮る）

材料

ジー 鸡（トリ）	ドウフ 豆腐（とうふ）
チェズ 茄子（なす）	シア 虾（エビ）

形

スー 丝（千切り）	ピェン 片（薄切り）
クワイ 块（ぶつ切り）	ディン 丁（さいの目切り）

味

ラー 辣（からい）	シェン 咸（塩からい）
ティエン 甜（甘い）	スワン 酸（すっぱい）

　困ったときは、メニューの大分類の"肉类（豚肉類）"〔ロウレイ〕"鱼类（魚類）"〔ユーレイ〕"海鲜类（海鮮類）"〔ハイシェンレイ〕"蔬菜类（野菜類）"〔シューツァイレイ〕"主食类（主食類）"〔ジューシーレイ〕"汤类（スープ類）"〔タンレイ〕などからひとつずつ選んでみるのもよいでしょう。

パート5

いろいろ会話集

代表的な表現を使った会話をシーン別にまとめました。これまでに習ったフレーズを応用して、ワンランク上のことばを交わしてみましょう。

レストランで

「日本語のメニューはありますか？」

あなた
ニーメン ヨウ リーユー ダ ツァイダン マ
Nǐmen yǒu Rìyǔ de càidān ma
你们 有 日语 的 菜单 吗？

店員
ドゥイブチー ウォーメン メイヨウ
Duìbuqǐ wǒmen méiyǒu
对不起，我们 没有。

あなた
ナー ジーダオ ラ シエン ライ リアンピン ピージウ バ
Nà zhīdao le Xiān lái liǎngpíng píjiǔ ba
那 知道 了。先 来 两瓶 啤酒 吧。

店員
ハオ ダ チン シャオ ドン イーシア
Hǎo de qǐng shāo děng yíxià
好的，请 稍 等 一下。

「からいものは好きではありません」

張さん
リンムー シャオジエ ニー シアン チー シェンマ
Língmù xiǎojiě nǐ xiǎng chī shénme
铃木 小姐，你 想 吃 什么？

あなた
ウォー シェンマ ドウ クーイー スイビエン ニーメン
Wǒ shénme dōu kěyǐ suíbiàn nǐmen
我 什么 都 可以，随便 你们。

張さん
シェンマ ツァイ ドウ ノン チー マ
Shénme cài dōu néng chī ma
什么 菜 都 能 吃 吗？

あなた
ウォー ブータイ シーホワン ラー ダ
Wǒ bútài xǐhuan là de
我 不太 喜欢 辣 的。

ノーマルスピード Track 61

和訳

「日本語のメニューはありますか？」

あなた：日本語のメニューはありますか？
店　員：すみません、ないんです。
あなた：わかりました。まずビールを２本ください。
店　員：はい。少々お待ちください。

「からいものは好きではありません」

張さん：鈴木さん、何を食べたいですか？
あなた：何でもかまいません。皆さんにおまかせします。
張さん：どんな料理でも食べられますか？
あなた：からいものはあまり好きではありません。

パート5　いろいろ会話集

ワンポイントアドバイス

食事は大事なコミュニケーションの場。中国では、お皿を持って食べることはありません。スープにレンゲがついているのはそのためです。また、飲み物を注いでもらったときは感謝の意でコップ付近のテーブルを指先でトントンと軽く叩きます。そんなマナーも覚え、楽しくいただきましょう。

ホテルで

●「チェックインしたいのですが」

あなた
ニー ハオ ウォー ヤオ ドンジー
Nǐ hǎo Wǒ yào dēngjì
你 好。我 要 登记。

フロント
ニン ヨウ ユーディン マ
Nín yǒu yùdìng ma
您 有 预订 吗？

あなた
イージン ユーディン ラ
Yǐjing yùdìng le
已经 预订 了。

フロント
ナー チン ティエン ジェイ ジャン ドンジーカー
Nà qǐng tián zhèi zhāng dēngjìkǎ
那，请 填 这 张 登记卡。

●「ルームサービスをお願いします」

あなた
ウェイ ウォー ヤオ ミンティエン ザオシャン ダ ソンツァン フーウー
Wéi wǒ yào míngtiān zǎoshang de sòngcān fúwù
喂，我 要 明天 早上 的 送餐 服务。

フロント
リウヤオリン ハオ ファンジエン ダ リンムー シャオジエ シー マ
Liùyāolínghào fángjiān de Língmù xiǎojiě shì ma
610 号 房间 的 铃木 小姐，是 吗？

あなた
シー ハイヨウ ウォー シアン ジエ チュイフォンジー クーイー マ
Shì Háiyǒu wǒ xiǎng jiè chuīfēngjī kěyǐ ma
是。还有，我 想 借 吹风机，可以 吗？

フロント
ハオ ダ ウォー ソンチュー
Hǎo de Wǒ sòngqù
好 的。我 送去。

和訳

> 「チェックインしたいのですが」

あなた：こんにちは。チェックインしたいのですが。
フロント：ご予約はありますか？
あなた：もうしてあります。
フロント：では、この宿泊カードに記入してください。

> 「ルームサービスをお願いします」

あなた：もしもし、明日ルームサービスで朝食をお願いします。
フロント：610号室の鈴木様ですね？
あなた：はい。あっ、あとドライヤーを貸してくれませんか？
フロント：かしこまりました。お届けいたします。

ワンポイントアドバイス

中国のホテルは、国家旅游局により1つ星～5つ星の5段階が定められています。当然5つ星が最高級なのですが、料金と相談して決めましょう。便利さと安全性からすれば3つ星以上がおすすめです。3つ星以上なら国際電話、ビジネスセンター、クレジットカードなども使用できます。

ショッピングで

「安いのはありますか？」

店員: 这件 衬衫 一百五十 块 一件。
Zhèijiàn chènshān yìbǎiwǔshí kuài yíjiàn
ジェイジエン チェンシャン イーバイウーシー クワイ イージエン

あなた: 太贵了！有没有再便宜一点儿的?
Tài guì le Yǒu méiyǒu zài piányi yìdiǎnr de
タイ グイ ラ ヨウ メイヨウ ザイ ピエンイ イーディアル ダ

店員: 这件 怎么样? 这 是 一百 块 一件。
Zhèijiàn zěnmeyàng Zhè shì yìbǎi kuài yíjiàn
ジェイジエン ゼンマヤン ジョー シー イーバイ クワイ イージエン

あなた: 那，我 买 两件。请 你 分开 包。
Nà wǒ mǎi liǎngjiàn Qǐng nǐ fēnkāi bāo
ナー ウォー マイ リアンジエン チン ニー フェンカイ バオ

「小銭がありません」

あなた: 我 没有 零钱，付 一百 块。
Wǒ méiyǒu língqián fù yìbǎi kuài
ウォー メイヨウ リンチエン フー イーバイ クワイ

店員: 没 问题。我 找 您 八十八 块。
Méi wèntí Wǒ zhǎo nín bāshíbā kuài
メイ ウェンティー ウォー ジャオ ニン バーシーバー クワイ

あなた: 嗯？你 算错 了 吧。
Ng Nǐ suàncuò le ba
ン ニー スワンツオ ラ バ

店員: 噢，对不起。
Ō duìbuqǐ
オゥ ドゥイブチー

ノーマルスピード Track 63

和訳

> 「安いのはありますか？」

店　員：このシャツは1枚150元です。
あなた：高い！　もう少し安いのはありますか？
店　員：これはどうですか？　1枚100元です。
あなた：では2枚買います。別々に包んでください。

> 「小銭がありません」

あなた：小銭がないので100元払います。
店　員：かまいません。88元お返しします。
あなた：あれ？　間違っていますよ。
店　員：ああ、すみません。

パート5　いろいろ会話集

ワンポイントアドバイス

デパートや空港内の店では無理ですが、団体旅行で行く土産物屋や露店では値引きに応じてくれるところが多くあります。"不要。"や"太貴了。"を効果的に使って交渉しましょう。「他の店と比べてからにする」というそぶりを見せるのもひとつの方法です。日本語の「安い」は禁句です。

交通機関で

バスに乗る

あなた
チン　ウェン　ジョーリアン　チョー　チュー　ワンフージン　マ
Qǐng wèn zhèliàng chē qù Wángfǔjǐng ma
请问，这辆 车 去 王府井 吗？

運転手
ジョーリアン　ブー　チュー
Zhèliàng bú qù
这辆 不 去。

あなた
ザイ　ナール　クーイー　ズオ
Zài nǎr kěyǐ zuò
在 哪儿 可以 坐？

運転手
ニー　カン　ザイ　ネイガ　チーチョージャン　ズオ　チョー
Nǐ kàn zài nèige qìchēzhàn zuò chē
你 看，在 那个 汽车站 坐 车。

タクシーにて

あなた
チン　カイダオ　ミンズーファンディエン　ハオ　マ
Qǐng kāidào Mínzúfàndiàn hǎo ma
请 开到 民族饭店，好 吗？

運転手
ジンティエン　チャンアンジエ　ヘン　ヨンジー
Jīntiān Cháng'ānjiē hěn yōngjǐ
今天 长安街 很 拥挤。

あなた
アイヨー　コンパー　ライブジー　ラ
Aīyō kǒngpà láibují le
哎哟，恐怕 来不及 了。

運転手
ハオ　ウォー　ゾウ　ジンルー　バ
Hǎo wǒ zǒu jìnlù ba
好，我 走 近路 吧。

148

和訳

バスに乗る

あなた：すみません、このバスは王府井に行きますか？
運転手：これは行きません。
あなた：どこで乗ればいいですか？
運転手：ほら、あそこのバス停で乗ります。

タクシーにて

あなた：民族飯店まで行ってください、いいですか？
運転手：今日は長安街がとても混んでいます。
あなた：わあ、間に合わないかもしれない。
運転手：よし、近道しましょう。

ワンポイントアドバイス

タクシーはホテルや空港のタクシー乗り場で乗ることが絶対条件です。空港を出ると"有车吗？"（ヨウチョーマ）などと言って近づいてくる人がいますが、メーターなしの場合が多いので相手にしてはいけません。空港近くのホテルからでもOKです。乗り物は正規の手段を利用するのが鉄則です。

観光で

「明日はどこに行きますか？」

あなた
ミンティエン チュー ネイガ ディーファン ヨウラン
Míngtiān qù něige dìfang yóulǎn
明天 去 哪个 地方 游览？

張さん
ジーホワ チュー チャンチョン
Jìhuà qù Chángchéng
计划 去 长城。

あなた
ザオシャン ジーディエン ジーフー
Zǎoshang jǐdiǎn jíhé
早上 几点 集合？

張さん
バーディエンバン ザイ ダータン ジーフー ダオヨウ イェ イーチー チュー
Bādiǎnbàn zài dàtáng jíhé Dǎoyóu yě yìqǐ qù
八点半 在 大堂 集合。导游 也 一起 去。

「大人２枚ください」

あなた
ジョール クーイー ブ クーイー ジンチュー
Zhèr kěyǐ bu kěyǐ jìnqù
这儿 可以 不 可以 进去？

案内人
ジンチュー ダ ホア ヤオ マイ メンピアオ
Jìnqù de huà yào mǎi ménpiào
进去 的 话，要 买 门票。

あなた
マイ リャンジャン チョンレン ピアオ
Mǎi liǎngzhāng chéngrén piào
买 两张 成人 票。

案内人
ザイ ネイガ ショウピアオチュー チン ニン フー アルシー クワイチエン
Zài nèige shòupiàochù qǐng nín fù èrshí kuài qián
在 那个 售票处，请 您 付 二十 块 钱。

和訳

「明日はどこに行きますか？」

あなた：明日はどこに観光に行きますか？
張さん：万里の長城に行くつもりです。
あなた：朝何時集合ですか？
張さん：8時半にロビー集合。ガイドも一緒に行きますよ。

「大人2枚ください」

あなた：ここは入ってもいいですか？
案内人：入るなら入場券を買わなければなりません。
あなた：大人2枚ください。
案内人：あそこのチケット売り場で20元払ってください。

ワンポイントアドバイス

観光では、日本語同様に自分が行きたい場所やほしいもの、チケットの枚数などを伝えることができれば、たいていの場合は通じます。「長城（万里の長城）」など滞在地の主要観光地の名前、数量や時間の表現など、言いたいことだけは単語レベルで主張できるように練習しておきましょう。

旅行でのトラブル

「風邪をひいたみたい」

あなた:
ウォー ジュエダ ブー シューフ ハオシアン ガンマオ ラ
Wǒ juéde bù shūfu hǎoxiàng gǎnmào le
我 觉得 不 舒服，好像 感冒 了。

張さん:
ヨウ シェンマ ジョンジュワン
Yǒu shénme zhèngzhuàng
有 什么 症状？

あなた:
ドゥーズ トン ヨウディアル ファーシャオ
Dùzi téng yǒudiǎnr fāshāo
肚子 疼，有点儿 发烧。

張さん:
ダイ ニー チュー イーウーシー バ
Dài nǐ qù yīwùshì ba
带 你 去 医务室 吧。

「財布がない！」

あなた:
アイヤー ウォー ダ チエンバオ メイヨウ ラ ゼンマ バン
Aīyā wǒ de qiánbāo méiyǒu le Zěnme bàn
哎呀，我 的 钱包 没有 了。怎么 办？

張さん:
ジェンダ リーミエン ヨウ シエンジン マ
Zhēnde Lǐmiàn yǒu xiànjīn ma
真的？ 里面 有 现金 吗？

あなた:
シエンジン メイヨウ ドゥオシャオ ヨウ リアンジャン シンヨンカー
Xiànjīn méiyǒu duōshao yǒu liǎngzhāng xìnyòngkǎ
现金 没有 多少，有 两张 信用卡。

張さん:
ガンクワイ ゲン シンヨンカー ゴンスー リエンシー バ
Gǎnkuài gēn xìnyòngkǎ gōngsī liánxì ba
赶快 跟 信用卡 公司 联系 吧。

CD 2 ノーマルスピード **Track 66**

和訳

「風邪をひいたみたい」

あなた：具合が悪いんです、風邪をひいたみたい。
張さん：どんな症状がありますか？
あなた：おなかが痛くて、少し熱があります。
張さん：医務室に連れて行ってあげましょう。

「財布がない！」

あなた：わあ、財布がない！　どうしよう…。
張さん：何？　中には現金が入っているの？
あなた：現金はたいしたことないんだけど、クレジットカードが2枚…。
張さん：すぐカード会社に連絡しましょう。

パート5　いろいろ会話集

ワンポイントアドバイス

トラブルが起こったときには、身振り手振りをまじえて自分の状況を伝えてみることです。病気や盗難のほかにも、押し売りや客引きの誘いにはのらないこと。あいまいな態度は禁物です。もしものときのために"救命啊！（助けて！）"は覚えておきましょう。

携帯番号・メールアドレスを尋ねる

「携帯番号を教えてください」

あなた:
ガオス ウォー ニー ダ ショウジー ハオマー クーイー マ
Gàosu wǒ nǐ de shǒujī hàomǎ kěyǐ ma
告诉 我 你 的 手机 号码，可以 吗？

張さん:
ダンラン クーイー ヨウ ジー マ
Dāngrán kěyǐ Yǒu zhǐ ma
当然 可以。有 纸 吗？

あなた:
チン ザイ ジョール シエ イーシア
Qǐng zài zhèr xiě yíxià
请 在 这儿 写 一下。

張さん:
ヤオサンバーリンスーアル
Yāosānbā língsìèr…
138 -042…。

「メールアドレスを教えてください」

あなた:
ウォー シアン ツォン リーベン ゲン ニン リエンシー
Wǒ xiǎng cóng Rìběn gēn nín liánxì
我 想 从 日本 跟 您 联系。

張さん:
ニー ヨウ メイヨウ イントーワン
Nǐ yǒu méiyǒu yīntèwǎng
你 有 没有 因特网？

あなた:
ダンラン ヨウ ア マーファン ニン ガオス ウォーヨウジエン ディージー
Dāngrán yǒu a Máfan nín gàosu wǒ yóujiàn dìzhǐ
当然 有 啊。麻烦 您 告诉 我 邮件 地址。

張さん:
クーイー イーホウ ウォーメン フーシアン リエンシー バ
Kěyǐ Yǐhòu wǒmen hùxiāng liánxì ba
可以。以后，我们 互相 联系 吧。

ノーマルスピード Track 67

和訳

「携帯番号を教えてください」

あなた：あなたの携帯番号を教えてくれませんか？
張さん：もちろん！　紙はある？
あなた：ここに書いてください。
張さん：138-042-…。

「メールアドレスを教えてください」

あなた：日本からあなたに連絡をしたいのですが。
張さん：インターネットはありますか？
あなた：もちろんありますよ。恐れ入りますがメールアドレスを教えてください。
張さん：いいですよ。これから連絡し合いましょう。

パート5　いろいろ会話集

ワンポイントアドバイス

ここで紹介した"告诉"（ガオス）は、電話番号やアドレスを「教える」場合によく使う動詞です。現地で知り合った人とはずっと交流を続けていきたいものですね。中国の人は"朋友"（ポンヨウ）の関係をとても大切にし、将来もその関係を保っていきます。

スポーツ／カラオケ

「試合を見に行きます」

張さん：
ジンティエン ウォー チュー ティーユーチャン カン ビーサイ
Jīntiān wǒ qù tǐyùchǎng kàn bǐsài
今天 我 去 体育场 看 比赛。

あなた：
チュー カン シェンマ ビーサイ
Qù kàn shénme bǐsài
去 看 什么 比赛?

張さん：
ジョングオ ドゥイ リーベン ダ ズーチウ ビーサイ
Zhōngguó duì Rìběn de zúqiú bǐsài
中国 对 日本 的 足球 比赛。

あなた：
オー イーディン ヘン ヨウイース
Ō Yídìng hěn yǒuyìsi
噢! 一定 很 有意思。

カラオケを覚える

張さん：
チン ニー ティン イーシア ジェイパン CD
Qǐng nǐ tīng yíxià zhèipán CD
请 你 听 一下 这盘 CD。

あなた：
ジョー シー シェンマ インユエ
Zhè shì shénme yīnyuè
这 是 什么 音乐?

張さん：
シー ドン リージュン チャン ダ ガー
Shì Dèng Lìjūn chàng de gē
是 邓 丽君 唱 的 歌。

あなた：
オー ジョンチアオウォー シアン シュエチャン ジョングオ ダ カーラーオーケー
Ō, zhèngqiǎo wǒ xiǎng xuéchàng Zhōngguó de kǎlāOK
噢, 正巧 我 想 学唱 中国 的 卡拉 OK。

和訳

「試合を見に行きます」

張さん：今日、私は競技場に試合を見に行きます。
あなた：何の試合を見に行くのですか？
張さん：中国対日本のサッカーの試合です。
あなた：おお、楽しそうですね。

カラオケを覚える

張さん：この CD を聴いてみてください。
あなた：何の音楽ですか？
張さん：テレサ・テンの歌です。
あなた：おお、ちょうど中国のカラオケを覚えたいと思っていたところです。

ワンポイントアドバイス

どこでも自国のよいところを自慢したくなるものです。話のネタとして最新のトピックスを中国語で言えるようにしておくといいでしょう。とくに中国の得意とするスポーツの種目などは喜ばれます。ちなみに優勝は"冠軍"、金メダルは"金牌"と言います。

料理を作る

「ご迷惑じゃないですか？」

あなた
Wǒ xiǎng xué yíxià bāo Zhōngguó de jiǎozi
我想学一下包中国的饺子。

張さん
Nà hǎo, míngtiān zài wǒ jiā yìqǐ bāo jiǎozi ba
那好，明天在我家一起包饺子吧。

あなた
Shì bu shì tài máfan nǐmen le
是不是太麻烦你们了？

張さん
Méi guānxi, wǒ tàitai hé nǚ'ér dōu huānyíng nǐ
没关系，我太太和女儿都欢迎你！

正真正銘の北京料理

張さん
Zhōngguócài pǐnzhǒng duō, zuòfǎ yě gèzhǒnggèyàng
中国菜品种多，做法也各种各样。

あなた
Měige dìfang dōu bù yíyàng ma
每个地方都不一样吗？

張さん
Duì, Běijīng yǒu Běijīng de, Guǎngdōng yǒu Guǎngdōng de fēngwèi
对，北京有北京的，广东有广东的风味。

あなた
Jīntiān de shì zhēnzhèng de Běijīngcài, duì bu duì
今天的是真正的北京菜，对不对？

ノーマルスピード Track 69

和訳

「ご迷惑じゃないですか？」

あなた：中国の餃子作りを体験したいです。
張さん：では明日、私の家で一緒に餃子を作りましょう。
あなた：みなさんにご迷惑じゃないですか？
張さん：大丈夫、私の妻も娘もあなたを歓迎しますよ！

正真正銘の北京料理

張さん：中国料理は種類が多く、作り方もいろいろです。
あなた：どの地方でも、みな違うのですか？
張さん：はい。北京には北京の、広東には広東の味があります。
あなた：今日のは正真正銘の北京料理ですね。

パート5　いろいろ会話集

ワンポイントアドバイス

中国人は質問される（＝教える）のが大好きです。とくに料理は誰もが興味をもつ話題。積極的に聞いてみれば喜ばれ、それをきっかけに交流も深まっていくことでしょう。"怎么做？（ゼンマズオ）（どうやって作るの？）"などは、とてもかんたんで切り出しやすいフレーズです。

著者

川原祥史　かわはら　よしひと

埼玉大学教養学部(中国語学専攻)卒。1984年からメーカー・商社で中国貿易輸出入業務、通訳・翻訳などに携わる。企業の赴任者向けに中国語会話を、留学生に日本語や貿易実務などを指導している。中国ビジネスに関する講演会や教材ビデオなどにも出演。
〈著書〉
『今すぐ書ける中国語　手紙・FAX・Eメール』(ナガセ)、『聴ける！読める！書ける！話せる！　中国語初歩の初歩』(高橋書店)、『中国語「筆談会話」でらくらく旅行』(技術評論社)、『中国語検定4級・準4級問題集』(池田書店)など多数

編集　㈱エディポック
編集協力　久保田曉
DTP　㈱エディポック、㈲スタジオ・ポストエイジ
本文校正　郭樺
本文イラスト　クマゴロ
ナレーション　**中国語**　陳浩、于暁飛
　　　　　　　　日本語　矢嶋美保
録音　(一財)英語教育協議会(ELEC)

ひとりで学べる　中国語会話

著　者　川原祥史
発行者　高橋秀雄
発行所　株式会社　高橋書店
　　　　〒170-6014 東京都豊島区東池袋3-1-1 サンシャイン60 14階
　　　　電話　03-5957-7103

ISBN978-4-471-11308-7　　©TAKAHASHI SHOTEN　　Printed in Japan

定価はカバーに表示してあります。
本書および本書の付属物の内容を許可なく転載することを禁じます。また、本書および付属物の無断複写(コピー、スキャン、デジタル化等)、複製物の譲渡および配信は著作権法上での例外を除き禁止されています。

【内容についてのお問い合わせ先】
本書の内容についてのご質問は「書名、質問事項(ページ、内容)、お客様のご連絡先」を明記のうえ、郵送、FAX、ホームページお問い合わせフォームから小社へお送りください。
回答にはお時間をいただく場合がございます。また、電話によるお問い合わせ、本書の内容を超えたご質問にはお答えできませんので、ご了承ください。本書に関する正誤等の情報は、小社ホームページもご参照ください。

【内容についての問い合わせ先】
　書　面　〒170-6014 東京都豊島区東池袋3-1-1 サンシャイン60 14階　高橋書店編集部
　FAX　03-5957-7079
　メール　小社ホームページお問い合わせフォームから　(https://www.takahashishoten.co.jp/)

【不良品についての問い合わせ先】
　ページの順序間違い・抜けなど物理的欠陥がございましたら、電話03-5957-7076へお問い合わせください。
　ただし、古書店等で購入・入手された商品の交換には一切応じられません。